Highlights

COSTA RICA

DIE 50 ZIELE, DIE SIE GESEHEN HABEN SOLLTEN

Highlights

COSTA RICA

Thomas Stankiewicz
Andreas Drouve

BRUCKMANN

Inhaltsverzeichnis

Regenbogen im Hochland nahe dem Vulkan Arenal (oben).

Kaffeestrauch im Hochland von Monteverde; die bunte Bemalung von Ochsenkarrenrädern hat Tradition in Sarchí; mit Geduld und etwas Glück bekommen Fotografen Papageien vor die Linse; Costa-Ricaner, hier in Nicoya, sind freundliche Menschen; Augen auf bei der Froschbeobachtung um die Rara Avis Rainforest Lodge; auf der Hacienda Guachipelín beim Nationalpark Rincón de la Vieja (von links nach rechts).

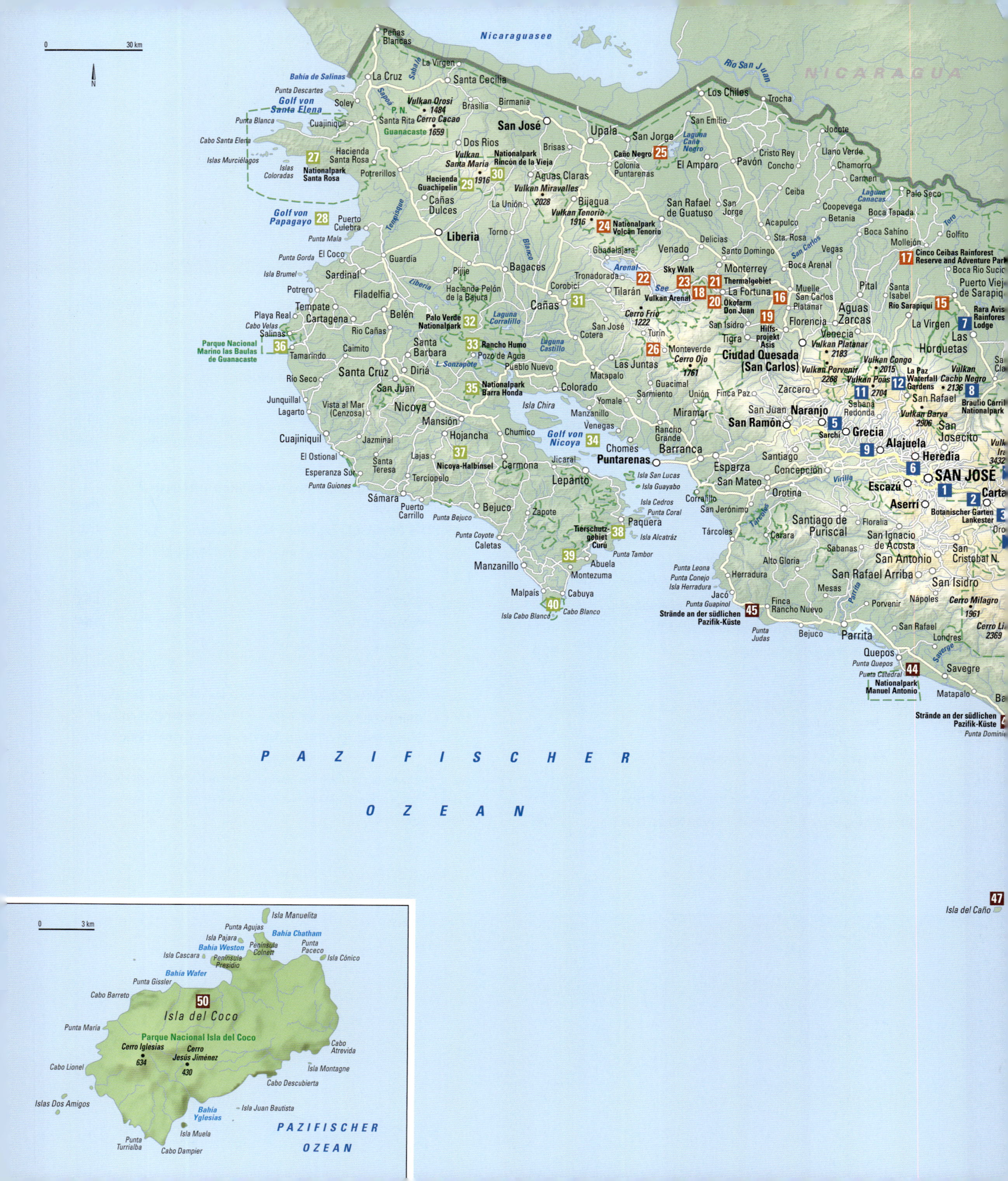

0 30 km
N

Nicaraguasee
NICARAGUA
Río San Juan
Peñas Blancas
La Virgen
Bahía de Salinas
La Cruz
Sapoá
Santa Cecilia
Los Chiles
Trocha
Punta Descartes
Golf von Santa Elena
Soley
Vulkan Orosi 1484
Brasilia
Birmania
Punta Blanca
Cuajiniquil
P. N.
Santa Rita
Cerro Cacao 1659
Guanacaste
San José
Upala
San Emilio
Jocote
Cabo Santa Elena
Hacienda Santa Rosa
Dos Ríos
Brisas
San Jorge
Laguna Caño Negro
Islas Murciélagos
27
Vulkan Santa María
Nationalpark Rincón de la Vieja
Caño Negro 25
Cristo Rey
Llano Verde
Islas Coloradas
Nationalpark Santa Rosa
Potrerillos
Hacienda Guachipelín 29
1916
30
Aguas Claras
Colonia Puntarenas
El Amparo
Pavón
Concho
Chamorro
Carmen
Cañas Dulces
Vulkan Miravalles 2028
Bijagua
Ceiba
Laguna Canacas
Palo Seco
Golf von Papagayo 28
Puerto Culebra
Tempisque
La Unión
Vulkan Tenorio 1916
San Rafael de Guatuso
San Jorge
Coopevega
Betania
Boca Tapada
Toro
Punta Mala
Liberia
Torno
24 Nationalpark Volcán Tenorio
Acapulco
Boca Sahíno
Golfito
Mollejón
Punta Gorda
El Coco
Blanco
Guadalajara
Venado
Delicias
Sta. Rosa
Santo Domingo
San Carlos
Vegas
17 Cinco Ceibas Rainforest Reserve and Adventure Park
Isla Brumel
Sardinal
Guardia
Pijije
Bagaces
Arenal-
Sky Walk
Monterrey
Boca Arenal
Boca Río Sucio
Potrero
Liberia
Hacienda Pelón de la Bajura
Corobicí
Tronadora
22
See
23
21 Thermalgebiet
Pital
Santa Isabel
Puerto Viejo de Sarapiquí
Tempate
Filadelfia
Tilarán
Vulkan Arenal
18
La Fortuna
16
Muelle San Carlos
Río Sarapiquí
15
Playa Real
Cartagena
Belén
Palo Verde Nationalpark 32
Laguna Corralillo
Cañas
31
20 Ökofarm Don Juan
Platanar
Aguas Zarcas
Rara Avis Rainforest Lodge
Cabo Velas
Salinas
Río Cañas
Cerro Frío 1222
19
Florencia
La Virgen
7
Parque Nacional Marino las Baulas de Guanacaste 36
San Isidro
Hilfsprojekt Asís
Venecia
Tamarindo
Caimito
Santa Bárbara
33 Rancho Humo
Laguna Castillo
San José
Cotera
Turín
Tigra
Las Horquetas
Pozo de Agua
26
Monteverde
Vulkan Platanar 2183
Río Seco
Santa Cruz
Diriá
L. Sonzapote
Pueblo Nuevo
Las Juntas
Cerro Ojo 1761
Ciudad Quesada (San Carlos)
Vulkan Congo 2015
Vulkan Cacho Negro
San Juan
35 Nationalpark Barra Honda
Colorado
Matapalo
Guacimal
Vulkan Porvenir 2268
Vulkan Poás
La Paz Waterfall Gardens
2136
8
Junquillal
Vista al Mar (Cenzosa)
Sarmiento
Unión
Finca Paz
Zarcero
2704
11
12
San Rafael
Braulio Carrillo Nationalpark
Lagarto
Nicoya
Isla Chira
Yomale
Sabana Redonda
Manzanillo
Miramar
San Juan
Naranjo
San Ramón
5
Vulkan Barva 2906
San Josecito
Mansión
Venegas
Rancho Grande
Sarchí
Grecia
Cuajiniquil
Jazminal
Hojancha
Chumico
Golf von Nicoya 34
Chomes
Barranca
9
Alajuela
Heredia
El Ostional
37
Santiago
Santa Teresa
Lajas
Jicaral
Puntarenas
Esparza
Concepción
6
SAN JOSÉ
Esperanza Sur
Nicoya-Halbinsel
Carmona
Isla San Lucas
San Mateo
Virilla
Escazú
1
2
Punta Guiones
Terciopelo
Lepanto
Isla Guayabo
Orotina
Aserrí
Cartago
Sámara
Puerto Carrillo
Bejuco
Zapote
Isla Cedros
Punta Coral
Corralillo
San Jerónimo
Botanischer Garten Lankester
3
Punta Bejuco
Paquera
Tárcoles
Tárcoles
Santiago de Puriscal
Floralia
Punta Coyote
Tierschutzgebiet Curú 38
Isla Alcatraz
Carara
San Ignacio de Acosta
Caletas
39
Punta Tambor
Sabanas
San Antonio
San Cristóbal N.
Manzanillo
Abuela
Alto Gloria
Montezuma
Punta Leona
Punta Conejo
Isla Herradura
Herradura
San Rafael Arriba
San Isidro
Malpaís
Cabuya
Jacó
Mesas
Parrita
Porvenir
Nápoles
Cerro Milagro 1961
40
Punta Guapinol
Finca Rancho Nuevo
Isla Cabo Blanco
Cabo Blanco
Strände an der südlichen Pazifik-Küste 45
Punta Judas
Bejuco
Parrita
San Rafael
Londres
Cerro Li... 2369
Quepos
Punta Quepos
Punta Catedral
44
Savegre
Savegre
Nationalpark Manuel Antonio
Matapalo
Strände an der südlichen Pazifik-Küste
Punta Dominical

P A Z I F I S C H E R
O Z E A N

47
Isla del Caño

1 San José
2 Cartago
3 Botanischer Garten Lankester
4 Valle de Orosi
5 Sarchí
6 Heredia
7 Rara Avis Rainforest Lodge
8 Nationalpark Braulio Carrillo
9 Alajuela
10 Vulkan Irazú
11 Vulkan Poás
12 La Paz Waterfall Gardens
13 Río Pacuare
14 Guayabo
15 Der Río Sarapiquí
16 Muelle
17 Cinco Ceibas Rainforest Reserve
18 Vulkan Arenal
19 Hilfsprojekt Asis
20 Lehr- und Ökofarm Don Juan
21 Das Thermalgebiet
22 Lago Arenal
23 Sky Walk
24 Nationalpark Volcán Tenorio
25 Caño Negro
26 Monteverde
27 Nationalpark Santa Rosa
28 Der Golf von Papagayo
29 Hacienda Guachipelín
30 Nationalpark Rincón de la Vieja
31 Cañas
32 Nationalpark Palo Verde
33 Am Río Tempisque
34 Der Golf von Nicoya
35 Nationalpark Barra Honda
36 Tamarindo
37 Die Halbinsel Nicoya
38 Tierschutzgebiet Curú
39 Montezuma
40 Cabo Blanco
41 Naturschutzgebiet Tortuguero
42 Von Cahuita bis Puerto Viejo
43 Nationalpark Chirripó
44 Nationalpark Manuel Antonio
45 Südliche Pazifikstrände
46 Alturas Wildlife Sanctuary
47 Isla del Caño
48 Parque Nacional Marino Ballena
49 Die Península de Osa
50 Die Isla del Coco

Nicht alle Papageien und Tukane sind echt in Costa Rica, wie man hier auf einer Bootsfahrt zum Nationalpark Tortuguero sieht (oben). Lockeres Urlauberleben, auch für Familien mit Kindern, am Strand von Montezuma (rechts).

Vulkane, Dschungel, Küsten – Costa Rica

Im Land des überbordenden Grüns

Die Natur gibt die Wege vor bei einer Reise durch Costa Rica. Wer das mittelamerikanische Land bereist, wird die Farbe Grün neu definieren. Hier sind alle erdenklichen Nuancen vertreten. Landschaftlich reicht die Bandbreite von Vulkanen im Hochland über Regenwälder und Mangrovensümpfe bis zu Karibik- und Pazifikstränden. Überbordend wie das Grün ist die Vielfalt von Fauna und Flora.

Finster muss es sein, für das pure Costa-Rica-Erlebnis. »Und jetzt alle das Licht aus!«, fordert Dschungelguide Iván sein Grüppchen bei der Nachtwanderung auf. Jeder drückt auf den Off-Knopf der Taschenlampe. Schlagartig ist man von einem schier undurchdringlichen Dunkel umhüllt. Die tropischen Baumriesen halten das schimmernde Mondlicht zurück. In der tiefen Finsternis wirken die Geräusche des Regenwalds intensiver. Und unheimlicher. Rundherum zirpt und ziept es. »Das sind Insekten, aber auch winzige Frösche«, klärt Iván die Urheberschaft auf. In die Symphonien mischt sich das Rauschen des nahen Río Sarapiquí. Noch eben, als man den Fluss auf einer Hängebrücke überqueren wollte, galt es, den vierbeinigen Gegenverkehr zurückzudrängen. Ein Waschbär war gerade dabei, die schmale, schwankende Konstruktion zu entern, trat aber dann den Rückzug an.
»Seht ihr das?«, reißt Iván seine vom Dunkel verschluckten Gefährten aus der Versunkenheit. »Schaut zu mir herüber, ich halte etwas in der Hand, das ganz leicht strahlt.« Eigentlich sieht man im Pechschwarz der Nacht, dass man nichts sieht. Doch nun scheint dort, wo die Kontur von Iváns drahtigem Körper zu erahnen ist, tatsächlich eine Art Lichtquelle. »Das ist ein morsches Stück Holz, das von Pilzen befallen ist. Und das gibt eine chemische

HOSTEL
El Parque
Kitchen Laundry

Papageien bringen vielerorts Farbe ins Leben, selbst an der Panamericana sind sie vereinzelt zu sehen (unten). Und Nasenbären scheuen sich nicht, plötzlich auf dem Asphalt aufzutauchen (ganz unten).

Reaktion, sodass das Holz regelrecht leuchtet«, klärt Iván auf. Kein Zweifel: Costa Ricas Natur ist überall für Überraschungen gut. Später folgt dank Iváns Hilfe und wiederangeknipster Lampen weitere Beobachtungsbeute. Rotaugenlaubfrösche. Glasfrösche. Ein giftgrüner Stirnlappenbasilisk. Gewaltige Ameisen. Und zum Abschluss ein Zweifingerfaultier hoch oben in den Kronen.

Abwechslung auf kleinem Raum

Der Blick auf die Karte zeigt, dass Costa Rica im Norden an Nicaragua und im Süden an Panama grenzt, eine über 1000 Kilometer lange Küste am Pazifik im Westen und eine 212 Kilometer lange Küste an der Karibik im Osten besitzt. Das Staatsgebiet umfasst samt der »Kokosinsel« Isla del Coco im Pazifik 51100 Quadratkilometer, was ungefähr der gemeinsamen Fläche von Baden-Württemberg und Schleswig-Holstein entspricht. Damit ist Costa Rica das drittkleinste Land in Mittelamerika, unterboten nur von El Salvador und Belize. Dennoch hat es die unterschiedlichsten Naturräume zu bieten, vom Zentraltal über das breite karibische Tiefland bis zu den Senkungszonen im pazifischen Raum, zu dem die Halbinseln Osa und Nicoya gehören. Einschnitte am Pazifik bilden der Golfo de Nicoya und der Golfo Dulce. Der höchste Berg des Landes ist der Cerro Chirripó im Südosten, dessen Gipfel 3820 Höhenmeter erreicht. Im Zentrum kratzen Vulkanriesen wie der Irazú (3432 Meter), Turrialba (3329 Meter), Barva (2906 Meter) und Poás (2704 Meter) an den Wolken. Weit nordwestlich vom Zentraltal bringt es der Vulkan Arenal zwar nur auf eine vergleichsweise moderate Höhe von 1633 Metern, dennoch ist er Costa Ricas bekanntester Berg. Grandios ragt er als perfekter Kegel gen Himmel.

Costa Ricas Klima ist generell tropisch bis subtropisch, und die Temperaturen unterliegen nur geringen jahreszeitlichen Schwankungen. Sie liegen im Durchschnitt bei rund 26 Grad Celsius im Tiefland, 22 Grad Celsius in der zentralen Region und bei unter 10 Grad Celsius in über 3000 Meter Höhe. Die Regenzeit dauert von Mai bis November, die beliebteste Reisezeit ist die Trockenperiode zwischen Dezember und April.

Fantastische Vielfalt

Costa Rica ist schon mit vielerlei Beinamen versehen worden, ob »Schweiz Zentralamerikas« oder »Lebendiger Garten Eden«. Für letztge-

nanntes Prädikat spricht, dass das kleine Land Naturforschern zufolge weltweit zu den Regionen mit der höchsten Biodiversität gehört. Schon allein die offiziellen Zahlen zur Artenvielfalt beeindrucken. In Costa Rica gibt es etwa 10 000 Pflanzenarten, weit mehr als 850 Vogel- und 205 Säugetierarten, 35 000 Arten von Insekten, 220 von Reptilien, 160 von Amphibien und eine gute Tausendschaft an Salz- und Süßwasserfischen. Wer unterwegs genau hinsieht, hat beste Aussichten, dass er Brüllaffen, Weißschulter-Kapuzineraffen, Geoffroy-Klammeraffen, Leguane, Pakas, Nasenbären, Kolibris, Papageien, Pelikane, Tukane, Ibisse, Waldstörche, Löffler, Fregattvögel, Krokodile, Faultiere beobachten kann. Farbe ins Leben bringen Blaue Morphofalter, die im Regenwald in leuchtendem Blau schillern und eine Spannweite von bis zu 20 Zentimetern erreichen. Mit etwas Glück bekommt man an den Küsten Meeresschildkröten bei der Eiablage zu Gesicht und im Inland den Mittelamerikanischen Tapir, Weißbartpekaris und Ameisenbären. Dagegen machen sich Jaguare, Pumas, Quetzals und Korallenottern rar. Winzig klein sind Pfeilgiftfrösche und Blattschneiderameisen, die – gemessen an ihrer Größe – enorme Lasten voranschleppen.

Weit verbreitete Pflanzenarten sind Orchideen, Rote Frangipani, Mangroven und Balsabäume, Bananen, Ananasgewächse und Passionsblumen. Kokospalmen verleihen vielen Stränden das gewisse Etwas, auffällig sind zudem die mächtigen Kapokbäume. Sie werden auf Spanisch Ceibas genannt und genießen bei den indigenen Kulturen Mittelamerikas besondere Verehrung.

Pura vida

Costa Rica ist ein Tier- und Pflanzenparadies, ein Land des überbordenden Grüns, das sich in immer neuen Facetten zeigt. Kultur und Architektur spielen in dem kleinen mittelamerikanischen Staat für Besucher untergeordnete Rollen, obgleich es Ausnahmen gibt. So wie das Goldmuseum, die Kathedrale und das historische Nationaltheater in der Hauptstadt San José. Oder die Wallfahrtsbasilika in Cartago. Die wahre Magie geht aber von der Natur aus. Und von den offenen, freundlichen Costa-Rica-

Ob Surfer oder Romantiker – am Strand von El Coco am Golfo Papagayo fühlt man sich einfach wohl.

Auf dem Land werden mancherorts noch Ochsengespanne eingesetzt, doch hier auf der Hacienda Guachipelín handelt es sich um eine touristische Demonstration (oben). Schmetterlinge bekommt man überall zu sehen (rechts oben). Die Infrastruktur ist landesweit gut ausgebaut, so wie hier in Jicaral am Golf von Nicoya (rechts unten).

nern, die sich selber »Ticos« nennen und deren Motto der Devise Take it easy entspricht: *Pura vida* – das »pure Leben«. Diesen Standardspruch bekommt man überall zu hören, mal als Floskel, mal tief aus dem Herzen.
Die Bevölkerung umfasst etwa fünf Millionen Einwohner, die in der Mehrzahl zumindest teilweise von europäischen Einwanderern abstammen. Im insgesamt einstelligen Prozentbereich bewegen sich die Bevölkerungsanteile der Afrokariben, Zuwanderer aus dem asiatischen Raum und von indigenen Gruppen wie den Bribri. Die meisten Ticos leben im Zentraltal, wo sich die Ballungsräume konzentrieren. Jenseits der Hauptstadt San José sind dies Alajuela, Heredia und Cartago.

Friedlich und geschützt

Bei Reisen im Land ist das Zentraltal allein wegen seiner strategischen Lage unumgänglich. Die meisten Schätze der Natur liegen jedoch weit abseits. Insgesamt steht über ein Viertel Costa Ricas unter Naturschutz. Das unterstreicht die Ausnahmestellung des Landes. Das Netz der Nationalparks und übrigen Schutzgebiete ist weit verzweigt, das Umherreisen einfach und sicher. Sympathisch und ungewöhnlich ist auch, dass Costa Rica seit Jahrzehnten ohne Soldaten auskommt und potenzielle Militärausgaben lieber in die Bildung steckt. Es ist ein Land, das der Welt den Frieden erklärt hat.

Nachhaltiger Tourismus

»Seit Jahrzehnten ist Costa Rica weltweit führend beim nachhaltigen Tourismus«, unterstreicht Wilhelm von Breymann, ein erfahrener Geschäftsmann im Fremdenverkehr und Ex-Tourismusminister Costa Ricas. Das Bewusstsein für diese sanfte, umweltbewusste Art des Reisens ist bei den Einheimischen geschärft worden. Davon profitieren natürlich auch die Besucher, die sich auf Wanderungen durch den Dschungel begeben, auf Pferderücken schwingen, den Schweiß bei Radtouren fließen lassen, mit Kanus auf Urwaldflüssen paddeln. Sich tief im Einklang mit der Natur zu fühlen, das ist das typische Feeling in Costa Rica. Dabei gilt es, überall Augen und Ohren offen zu halten. Dann wird man reichlich belohnt. Alleine schon mit Schmetterlingen, Kolibris oder fantasiereichen Gebilden verschlungener Luftwurzeln. Und wenn dann Brüllaffen zu ihren Konzerten ansetzen, geht das unvergesslich durch Mark und Bein.

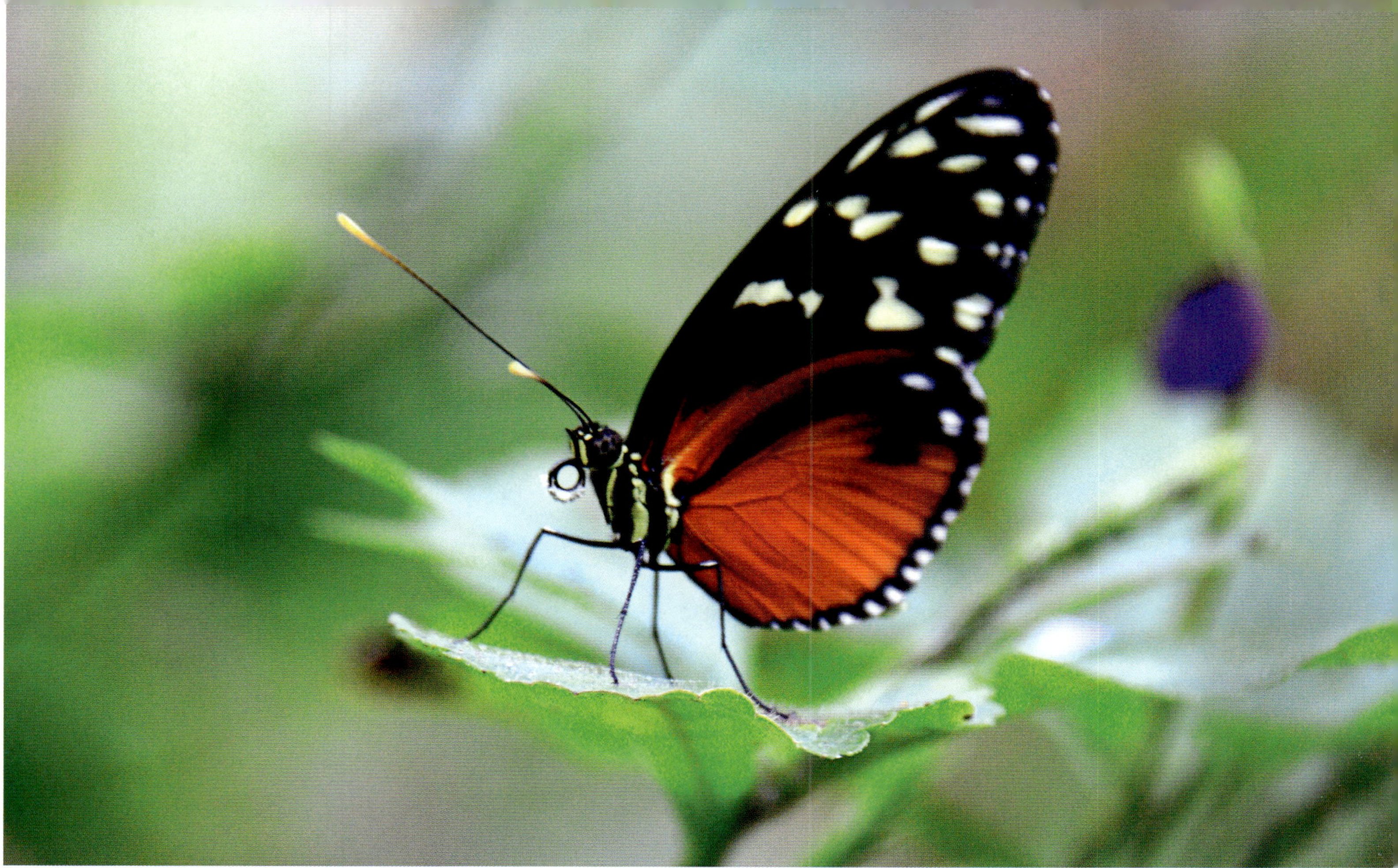

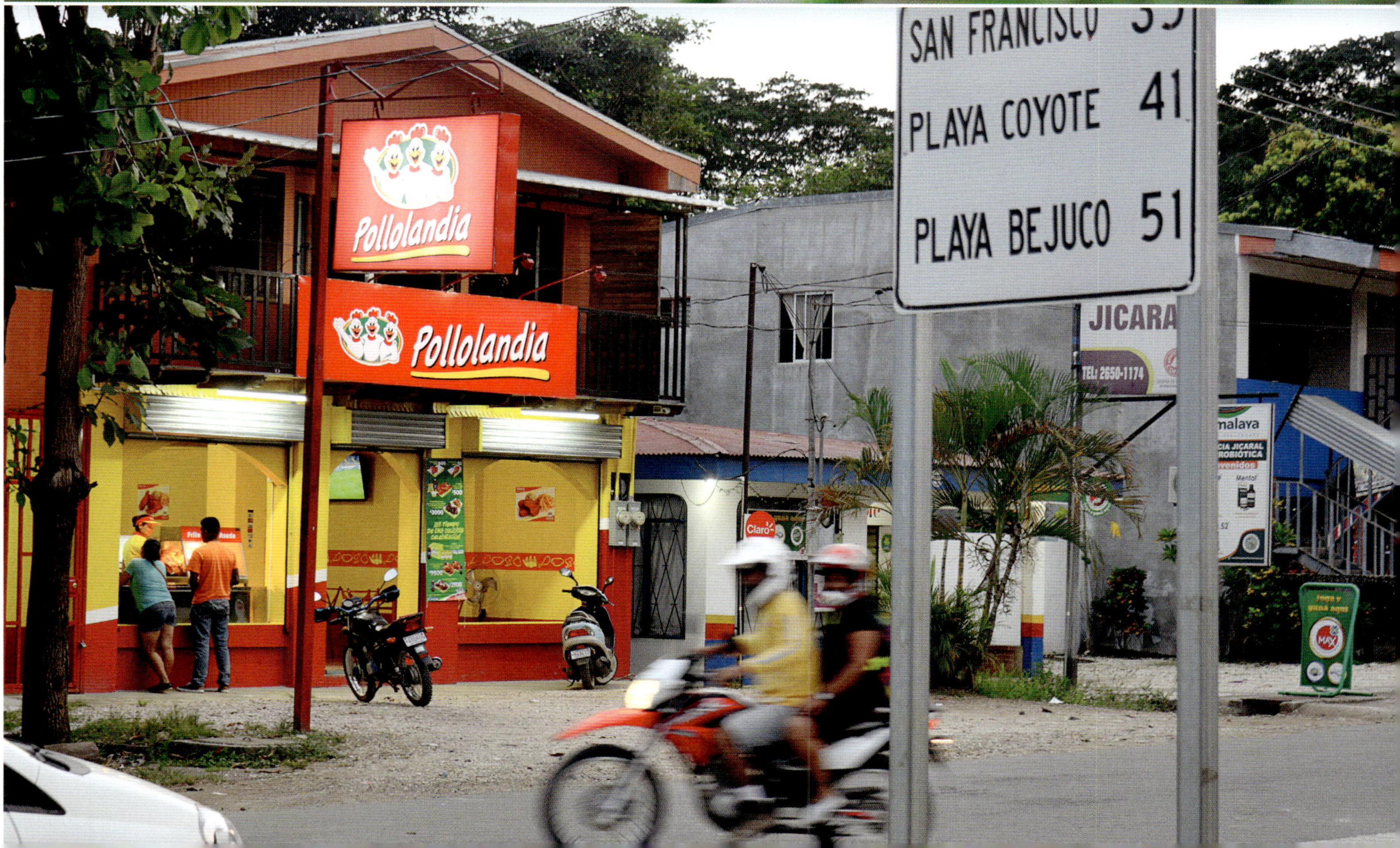

Pollolandia
Pollolandia
PLAYA COYOTE 41
PLAYA BEJUCO 51
JICARA

Zentrales Hochland

San José, Vulkane und viel mehr

Das Nationaltheater (Teatro Nacional) in San José ist eine angesehene Kulturadresse und auch abends ein Stadtbummelziel (links). Zu Feuchtgebieten wie den La Paz Waterfall Gardens gehören selbstverständlich Frösche (ganz oben). Blick in die üppig dekorierte Kathedrale von Alajuela (oben).

Auf diesem Deckengemälde im Nationaltheater, dem Teatro Nacional in San José, ist die costa-ricanische Flagge verewigt (oben). Dem ökologischen Bewusstsein entspricht, dass sich Einheimische auch in der Hauptstadt mit dem Fahrrad fortbewegen (rechts).

1 Pulsierende Hauptstadt – San José

Unbestrittener Motor des Landes

Es wäre zugegebenermaßen vermessen, Costa Ricas Hauptstadt auf eine Stufe mit Mexiko-Stadt, Buenos Aires oder manch anderer Hauptstadt in Lateinamerika zu stellen. Mit solchen glamourösen Metropolen kann San José nicht mithalten. Doch für Costa Rica ist die Millionenstadt nicht nur das politische, sondern auch das bedeutendste wirtschaftliche und kulturelle Zentrum des Landes.

Es gibt nichts, was es nicht gibt in all der Angebotsflut. Beherzt greifen Ausrufer zum Megafon, um ihre Ware lautstark unters Volk zu bringen. Andere setzen auf die Originalkraft der eigenen Stimme, wieder andere warten still auf Kundschaft. Jeder versucht irgendwie etwas abzuschöpfen vom Alltagsbusiness. Das Angebot reicht von Kartoffeln und Armbändern über Boxershorts und Sockenpakete bis zur einzelnen Zigarette.

Das Zentrum von San José ist ein einziges Wimmelbild. Vor den Reihen der Geschäfte in der Fußgängerzone haben sich fliegende Klein- und Kleinsthändler mit Kisten, Säcken, ausgebreiteten Decken und Planen postiert. Einer verkauft Plastiktütchen voll Litschis aus dem Einkaufswagen, der nächste Avocados, der übernächste Mandarinen. Auf den Auslagen drängen sich Filmraubkopien, Schlüpfer, Fernbedienungen, Damenhandtaschen, Sonnenbrillen, Rätselhefte, Kopfhörer, Lederportemonnaies. Mittendrin wogen die Menschenmassen hin und her. Polizeistreifen sind auf Fahrrädern unterwegs und zeigen Präsenz. Die Eingänge zu Spielsalons sind von Wachpersonal flankiert, die Fast-Food-Unkultur hat sich auch hier festgebissen.

Im Mercado Central, dem zum historisch-kulturellen Erbe erklärten Zentralmarkt, setzt sich das geschäftige Treiben fort. In den Schneisen

TRIPLE
CRUNCHYWRAP

In der Innenstadt von San José führt der Weg am »Monumento a los Presentes« vorbei, einem Skulpturenensemble für die Bäuerinnen und Bauern im Zentraltal, die im Zuge der Modernisierung zu verschwinden drohen. Angesichts des gesellschaftlichen Wandels drücken sie so etwas wie eine stille Anklage aus; Künstler war der costa-ricanische Bildhauer Fernando Calvo.

der Halle reiht sich Stand an Stand. Uhren, Rucksäcke, Modeschmuck und vielerlei mehr stammt aus asiatischer Massenproduktion. Authentischer geht's auf leidlich gepolsterten Metallrundhockern an Essensständen zu. Oder an Kräuter-, Fisch- und Fleischständen. Und irgendwo musiziert eine Liveband, um den Konsum anzukurbeln.

Die spezielle Würze

Das pulsierende Alltags- und Straßenleben gibt San José die spezielle Würze. Ohne diese besondere Stimmung würde der zentralen Metropole etwas Entscheidendes fehlen. Denn Costa Ricas Hauptstadt zeichnet sich weder durch himmelstürmende Architekturwunder noch weltbewegende Monumente aus. Wobei nicht vergessen werden darf, dass der auf Außenstehende so bunt und fotogen wirkende Straßenhandel für die Menschen der tägliche Überlebenskampf ist. Die Lebenshaltungskosten in Costa Rica sind hoch, auch für die Einheimischen.

Weniger geschäftig geht es im kleinen Park vor der Mercedarierkirche zu, der neugotischen Iglesia de la Merced. Einzig Eisverkäufer machen mit rollenden Ständen und schrillen Hupen auf sich aufmerksam. Ansonsten nehmen sich Erschöpfte und Liebespaare eine Auszeit unter den hochgewachsenen Palmen.

Gotteshäuser in der Innenstadt

Im Innern der Mercedarierkirche sucht und findet man Ruhe im städtischen Strudel, zuweilen schwer behängt mit Einkaufstaschen, umgeben von Buntglasfenstern und extrem schmalen, regelrecht fragil scheinenden Säulen. Der kühle Kirchenboden ist kunstvoll gelb-schwarz gemustert. Nicht nur Menschen kommen hier herein, auch Tauben, die rasch eine Runde fliegen. Der Blick fällt auf die Orgelempore und im Altarraum auf das Marienbildnis der Virgen de la Merced, ein Werk des einheimischen Bildhauers Manuel María Zúñiga (1890–1979). Von diesem stammt auch die Skulptur des *Jesús agonizante*, ein gekreuzigter Christus mit Dornenkrone und erschreckend weitem Augenaufschlag. Zur Vorbereitung für das Kunstwerk sei Zúñiga, so weiß es Kirchenführerin Marianela, extra in ein Hospital in San José gegangen, um Todgeweihten zu begegnen und damit so realitätsnah wie möglich den intensiven Ausdruck des Leidens in dieses Bildnis legen zu können. Ein Tipp von Marianela: Früh am Abend, so gegen halb sechs Uhr, fällt das beste Licht auf den *Jesús agonizante*. Was sie nicht erwähnt, ist ein Kuriosum im Altarumlauf. Dort lassen sich Toiletten gegen Gebühr benutzen ...

Da die Wege in der Innenstadt von San José nicht weit sind, ist bald der weite Vorplatz der Kathedrale mit den gedrungenen Türmen erreicht. Spät nachmittags legt die Geräuschkulisse ringsum um einige Dezibel zu. Die Papageien in den Bäumen geben ein solch lautes Konzert, dass ihr Kreischen bis in die heiligen Hallen des Doms dringt. Das lang gestreckte, von massigen Säulen gegliederte Innere der Catedral Metropolitana wirkt ein wenig unpersönlich, wird aber aufgelockert durch die an den Seiten strahlenden Buntglasfenster, die unter anderem die heilige Rosa von Lima zeigen. Die Skulptur des Jesus als Nazarener im hinteren Bereich entstammt der Werkstatt von Mateo de Zúñiga und wurde Ende des 17. oder Anfang des 18. Jahrhunderts in Guatemala angefertigt. Den elektrischen Kerzenkasten dabei darf man als deplatziert empfinden. In einem kleinen Garten neben der Kathedrale erinnert ein Denkmal an den deutschstämmigen Bernardo Augusto Thiel (1850–1901), der bereits in jungen Jahren das Bischofsamt in San José bekleidete.

Goldmuseum und Nationaltheater

San José liegt im Zentraltal auf rund 1200 Meter Höhe, zählt in seinem Kern etwa 350 000 Einwohner und um ein Vielfaches mehr in seinem dicht besiedelten Einzugsgebiet. Für die meisten Reisenden führt um die Hauptstadt kein Weg vorbei, denn hier befindet sich der internationale Flughafen und starten Linienbusse in alle Landesteile.

Ein, zwei Tage lassen sich zu Beginn oder Ende einer Costa-Rica-Reise in San José durchaus verbringen. Mancherorts schaut man weit ins Grün und auf die umliegenden Berge hinaus, doch das lohnendste Ziel verbirgt sich unter der Plaza de la Cultura mitten in der Innenstadt. Dort führen Treppen hinab in den Untergrund zum größten Schatz des Landes: dem Museo del Oro Precolombino. Blendet man die nüchternen Betonkulissen aus, die beim Weg hinab und hinein in das Goldmuseum den Charme einer Tiefgarage versprühen, geht man einer fantastischen Sammlung filigran gearbeiteter Goldgegenstände aus der

Das Museo Nacional de Costa Rica widmet sich unter anderem der Naturgeschichte des Landes (unten). Im Museo del Oro Precolombino gibt es kunstvolle präkolumbische Goldarbeiten zu entdecken (ganz unten).

In der Innenstadt von San José finden sich nach Einbruch der Dunkelheit diverse Open-Air-Treffpunkte, ob beim Teatro Nacional (unten) oder im Parque Central bei der Kathedrale (ganz unten). Architektonisches Schmuckstück in der City ist das Teatro Nacional, wo man auch gerne vorbeiflaniert (rechte Seite oben).

Zeit vor dem Einfall der Konquistadoren auf den Grund. Gold diente den alten Völkern Costa Ricas als Rohstoff für Kriegerschmuck und Grabbeigaben, für Alltagsobjekte und Zeremonialutensilien von Schamanen. Die Vitrinen mit den schier unschätzbaren Kostbarkeiten sind stark gesichert, die Wachleute behalten die Besucher im Auge. Hier kann man sich ein Bild von jenem Material machen, nach dem die Konquistadoren bei der Eroberung Lateinamerikas so sehr gierten. Allerdings spielte das relativ leicht zu bearbeitende Gold in Costa Rica längst nicht eine solch prägende Rolle wie in anderen Ländern. Etwa um 300 n. Chr., so ist im Goldmuseum zu lesen, verbreitete sich die Kunst des Kupfer- und Goldschmiedens vom Norden Kolumbiens in das Gebiet des heutigen Costa Rica und wurde von hier ansässigen Bevölkerungsgruppen übernommen.

Aus den Tiefen des Goldmuseums an die frische Luft zurückgekehrt, führt ein kurzer Weg vor die Fassade des Nationaltheaters. Als das Teatro Nacional in den Jahren 1891 bis 1897 erbaut wurde, besaß San José gerade einmal 20 000 Einwohnern und eher den Charakter einer Kleinstadt. Der prunkvolle Bau ist im Stil der Neorenaissance gehalten und gilt als architektonisches Juwel und Stolz aller Ticos. Bei der Finanzierung des Theaters, seinerzeit ein Mammutvorhaben, half zunächst eine von Staatspräsident José Joaquín Rodríguez Zeledón verordnete Kaffee-Exportsteuer, die schließlich durch eine Importsteuer auf alle Handelswaren abgelöst wurde. Später brachte der Lauf der Geschichte für das Teatro Nacional lange Jahre der Baufälligkeit und kostenintensive Restaurierungsarbeiten mit sich. Doch die Wiederherstellung hat sich unzweifelhaft gelohnt. Längst erstrahlt das Gebäude wieder in neuer alter Pracht. Im Vestibül darf man sich gebührend empfangen fühlen, und ein Konzert im Saal ist immer ein Erlebnis. Abseits des Bühnengeschehens kann man das Haus und seine Skulpturen, Säule und Leuchter im Rahmen von Führungen besichtigen. Abends ist die Fassade ansprechend erleuchtet. Gleich gegenüber kann man sich niederlassen und sie eingehend betrachten.

Weitere lohnende Ziele in San José sind das hervorragende Jade-Museum, das Museo del Jade, das der Kunst Costa Ricas gewidmete Museo de Arte Costarricense und das von Archäologie bis Anthropologie thematisch breit gefächerte Museo Nacional de Costa Rica. Die

größte grüne Lunge in der Innenstadt ist der Parque Metropolitano La Sabana, in dem sich gerne auch Sportbegeisterte auspowern. Jogging steht stets hoch im Kurs.
Große Geschichte ist in San José nicht geschrieben worden, doch wer die Möglichkeit hat, Costa Ricas größte Stadt zum Nationalfeiertag am 15. September zu besuchen, sollte die Gelegenheit nutzen und sich die Feierlichkeiten samt Umzug nicht entgehen lassen.

Calles und Avenidas

Die Straßenführung in der City von San José basiert auf dem bekannten Schachbrettmuster, wie es die spanischen Kolonialherren bei der Gründung von Städten oft anwandten. Gewöhnungsbedürftig ist zunächst einmal, dass die Straßen mehrheitlich keine Namen tragen, sondern Nummern. Straßen, die in Ost-West-Richtung verlaufen, heißen Avenidas. Jene, die sich in Nord-Süd-Richtung ziehen, nennt man Calles. Den zentralen Schnittpunkt bilden die Avenida Central und die Calle Central nahe dem Parque Central. Genau hier bekommt die Orientierung ihren Feinschliff. Calles, die ab dem Parque Central in östlicher Richtung liegen, tragen ungerade Nummern (1, 3 etc.), während Calles in westlicher Richtung mit geraden Nummern (2, 4 etc.) versehen sind. Avenidas nördlich der Avenida Central bzw. deren westlicher Verlängerung Paseo Colón tragen ungerade Nummern, während Avenidas südlich der Avenida Central bzw. des Paseo Colón gerade Nummern aufweisen.
Ebenso gilt es, sich an Besonderheiten bei den Adressenangaben zu gewöhnen. Statt Hausnummern steht man vor folgenden Angaben, wie beim Hotel Grano de Oro aus dem Autorentipp: Calle 30, Avenida 2 y 4. Das bedeutet, dass sich das Hotel in der Calle 30 befindet, und zwar im Häuserblock zwischen der Avenida 2 und der Avenida 4.
Alles klar? Eher ist klar, dass all dies zunächst extrem verwirrt. Doch nach einer gewissen Zeit wird einem das Adressen- und logische Straßenmarkierungssystem vertraut.

HOTEL MIT STIL

Das führende Hotel Grano de Oro liegt zentrumsnah in einer ruhigen unscheinbaren Seitenstraße rund um einen Innenhof, der nachts angenehm ausgeleuchtet ist. Ab hier ist alles Sehenswerte in der Hauptstadt fußläufig erreichbar, der Zentralmarkt, die Kathedrale und das Goldmuseum sind nur 10 bis 15 Gehminuten entfernt. Die hoteleigene Werbung »Eine Oase in San José« ist nicht einmal übertrieben. Schon im Whirlpool kann man wunderbar entspannen, bevor man sich irgendwann auf dem Zimmer ins weiche Bett fallen lässt. Und überhaupt ist das Grano de Oro eine Wohlfühladresse. Service besitzt großen Stellenwert, und das hauseigenen Restaurant ist eine feudale Speiseadresse, die einen guten Ruf genießt. Natürlich hat das Ganze seinen gehobenen Preis.
Hotel Grano de Oro, Calle 30,
Avenida 2 y 4, Tel. 506-225 533 22,
www.hotelgranodeoro.com

WEITERE INFORMATIONEN

San José, www.sanjosecostarica.org; Goldmuseum und andere Museen der Zentralbank Costa Ricas, http://museosdelbancocentral.org; Nationaltheater, www.teatronacional.go.cr

Im Innern der Basilika von Cartago fühlt man sich von einem Säulenwald überwältigt (oben). Auch in Außenansicht macht das gewaltige Bauwerk Eindruck (rechte Seite).

2 Maria aus dem Wald – Cartago

Costa Ricas Nationalheiligtum

Eine pompöse Basilika als bedeutende Pilgerstätte zu einer Marienfigur im Kleinformat – das Santuario Nacional Nuestra Señora de los Ángeles stellt in Cartago alles in den Schatten. Costa Ricas Nationalheiligtum degradiert selbst die Berge rund um die Hochlandstadt zur Kulisse. Die Verehrung der berühmten Schwarzen Madonna ist mit einer Legende verbunden. Die Architektur der Basilika ist raumgreifend – und als Wallfahrtsziel ist sie im Bewusstsein der Ticos fest verankert.

Frühabends, wenn die Dämmerung über Cartago heraufzieht und sich des Tages letzter Sonnenglanz über die Häuser und nahen Bergrücken legt, liegt es am schönsten da: das Santuario Nacional Nuestra Señora de los Ángeles. Wenn »Unsere liebe Frau von den Engeln« vor dem sich verdunkelnden Himmel weiß, orange und blau illuminiert wird, verströmt Costa Ricas Nationalheiligtum einen geradezu magischen Zauber. Auf dem Vorplatz rasen ein paar Jungs mit ihren Rädern umher und malen zuckende Schatten im Abendlicht, während die bunt angestrahlte Hauptfassade der Basilika wie ein riesiges Retabel wirkt, das übermächtig auf seine Betrachter einstürzt. Sicher, die künstliche Farbenflut könnte man für grenzwertig kitschig halten, dennoch zieht sie einen in ihren Bann.

Auch tagsüber beherrscht das Kuppelensemble der Basilika das Städtchen Cartago, das sich knapp 25 Kilometer südöstlich der Hauptstadt San José weitläufig ausdehnt. Der bunte Zentralmarkt mit seinen Obstständen ist einen Besuch wert, und auch sonst geht es durchaus lebhaft zu. Doch im Grunde richtet sich der Blick hauptsächlich auf »das Eine«: eine kleine Mariendarstellung, die die Gläubigen hier seit dem 17. Jahrhundert verehren.

Auf dem Markt von Cartago deckt man sich mit erntefrischen Früchten und Gemüse ein (ganz unten). Ruinen der Kathedrale von Cartago – das Erdbeben im Jahre 1910 versetzte dem ambitionierten Projekt den Todesstoß (unten). Im Abendlicht haben die Ruinen eine besondere Wirkung (rechte Seite oben).

Eine legendäre Geschichte als Ursprung

Den Aufschluss darüber, warum »Unsere liebe Frau von den Engeln« in Cartago verehrt wird, gibt eine Legende, die auf die Zeit um 1635 weist. Das exakte Jahr verliert sich im Dunkel der Geschichte. Fest steht der Überlieferung zufolge jedoch, dass es ein 2. August ist, an dem eine gewisse Juana Pereira wie jeden Morgen in den Wald geht, um Brennholz zu sammeln. Die junge Frau findet dabei auf einem Stein eine kleine Marienfigur. Sie denkt sich nichts weiter dabei, nimmt die Figur jedoch vorsorglich nach Hause mit und bewahrt sie in einer Kiste auf. Als sich Juana am selben Tag gegen Mittag noch einmal in den Wald aufmacht, findet sie an derselben Stelle erneut eine Marienskulptur, die der anderen verblüffend ähnlich sieht. Nun ist sie doch zutiefst verwundert und auch von Ehrfurcht erfüllt. Was all dies zu bedeuten hat, vermag sie nicht zu erahnen. Erneut trägt sie die Marienfigur nach Hause, um sie neben der anderen in die Kiste zu legen – doch die Skulptur vom Morgen ist verschwunden! Nun treibt doch die Neugier die junge Frau wieder in den Wald, wo sie die Figur zum dritten Mal auf dem Stein entdeckt, mitnimmt und daheim feststellen muss, dass die Kiste wieder leer ist. Aufgeregt läuft sie zum örtlichen Pfarrer, erzählt ihm die sonderbare Geschichte und übergibt ihm die Figur. Der Geistliche schließt sie weg und verspricht Juana, sie näher zu untersuchen, sobald er Zeit dazu finde.

Als Juana am nächsten Tag wie üblich zum Feuerholzsammeln geht, kann sie ihren Augen kaum trauen: Die Marienfigur steht abermals vor ihr auf dem Felsen. Juanas Herz rast. Aufgewühlt rennt sie zum Pfarrer und bittet ihn mitzukommen, was er in Begleitung einiger anderer tut. In einer kleinen Prozession bringen sie die Figur nun zur Kirche, wo sie der Pfarrer im Tabernakel aufbewahrt. Doch tags darauf ist sie wie von Geisterhand verschwunden. Das Figürchen Mariens mit dem Kinde ist – wie konnte es anders sein – zu dem Felsen zurückgekehrt. Erst jetzt, nach der fünften Erscheinung, begreifen sie die stille Botschaft, die von den Geschehnissen ausgeht: Genau an dieser Stelle wünscht sich Maria ein Haus für sich und alle, die sie verehren würden.

Die kleine Schwarze

Die erste bescheidene Kapelle wurde im Lauf der Zeit durch die heutige majestätische Basilika mit dem beeindruckenden Säulenwald er-

setzt. Inmitten des Altarraums nimmt die Mariendarstellung samt goldglänzendem Thron einen Ehrenplatz ein – und ist dennoch leicht zu übersehen, denn das Figürchen »Unserer Lieben Frau von den Engeln« misst gerade einmal 20 Zentimeter. Und obgleich sie nicht allzu dunkel aussieht, hat der Volksmund der winzigen Madonna den liebevollen Spitznamen *La Negrita* gegeben, »die kleine Schwarze«. »Maria, jene, die uns einlädt, unser Leben zum Erlöser hin zu öffnen, ist der Weg, der uns zu Jesus führt. Dies ist das Haus unserer Mutter, willkommen Pilger«, lautet der Willkommensgruß für die Gläubigen in der Basilika. Jede Woche zieht es etwa 20 000 Pilger und Besucher in die prächtige Kirche, doch am Hauptwallfahrtstag, dem 2. August, herrscht Ausnahmezustand. Wer eine ruhigere Atmosphäre bevorzugt, sollte außerhalb des Wallfahrtstrubels nach Cartago kommen, um eines der eindrucksvollsten Monumente Costa Ricas zu sehen. Ein schönes Fotomotiv gibt bereits der weite Vorplatz mit seinen doppelarmigen Laternen ab. Hinter der Basilika liegt der Zutritt in eine Art Grotte mit der legendären Piedra del Hallazgo, wie der hinter einem Gitter aufbewahrte »Stein des Fundes« auf Spanisch heißt. Passiert man den Haupteingang zur Basilika, befremdet ein kurioses Plakat. Kombinationen aus Kurztexten und Illustrationen erinnern daran, dass Kaugummikauen und Schmuseszenen im Innern untersagt sind. Gleichermaßen ist es ausdrücklich verboten, die Basilika mit einer Kopfbedeckung in Form von Kappen zu betreten. Zudem darf man weder Waffen noch Fahrräder mitbringen …

Der Zauber wirkt lange nach

Abendgottesdienste halten vor Augen, mit welcher Freude die Ticos den Glauben leben. Um leere Kirchenbänke braucht man sich hier keine Sorge zu machen. Costa-Ricaner bekennen sich mehrheitlich zum Katholizismus, doch alles scheint sich intensiver abzuspielen als beispielsweise in Mitteleuropa. Dem entspricht, dass die inbrünstig angestimmten Gesänge bis weit hinaus auf den Vorplatz des Heiligtums schallen. Später, nachdem die Pforten geschlossen worden und die letzten Gläubigen auf dem Nachhauseweg sind, erlischt die Prachtbeleuchtung der Basilika – doch der Zauber wirkt bei jedem ungeachtet seines Glaubens lange nach. »Ob man gläubig ist oder nicht, die Basilika füllt die Herzen aller«, hat ein anonymer Philosoph in ein Pilgerforum geschrieben. Wie wahr.

DIE GROSSE WALLFAHRT

Alljährlich um den 2. August ist die halbe Nation bei der landesweit größten Wallfahrt in Bewegung. Dann treffen Pilgerinnen und Pilger in Cartago ein, und die Stadt erlebt ein unvergleichliches Glaubens-Event. »Manche Pilger brauchen sechs bis acht Tage, um hier aus den entlegensten Winkeln des Landes anzukommen«, erzählt Graciela Pérez Jiménez, die Pressesprecherin der Basilika in Cartago. Der organisatorische Aufwand ist immens. Alleine 400 Freiwillige arbeiten als Führer im Heiligtum und empfangen die zahlreichen Pilger. Auf die religiösen Festakte am 1. und 2. August folgt am 3. August die festliche Überführung der Marienfigur von der Basilika in die Kathedrale von Cartago. Dort bleibt sie bis zum ersten Wochenende im September und kehrt dann in die Basilika zurück.

WEITERE INFORMATIONEN

Website des Nationalheiligtums Nuestra Señora de los Ángeles, mit Bildergalerie, www.santuarionacional.org

Ein Streifzug durch den Botanischen Garten Lankester führt durch überbordendes Grün (unten). Orchideen setzen besondere Farbakzente und bedürfen der Pflege (rechte Seite oben). Auch Seerosen gibt es zu entdecken (rechte Seite unten).

3 Bunte Vielfalt – Botanischer Garten Lankester

Für die Sinne und für die Wissenschaft

In ganz Costa Rica sind Blütenmeere und Grün in allen Schattierungen Dauerbegleiter. Im Jardín Botánico Lankester kann man die ganze prächtige Vielfalt auf einem Fleck bewundern. Der botanische Garten in der Nähe der Stadt Cartago untersteht der Universität von Costa Rica. Er schmeichelt also nicht nur den Sinnen, sondern dient auch der Wissenschaft.

Der Initiator des Botanischen Gartens war ein Engländer aus Southampton, dem der Erhalt der Flora Costa Ricas besonders ans Herz gewachsen war: Charles H. Lankester (1879–1969). Der Naturwissenschaftler begann in den 1940er-Jahren mit seinen Forschungen und trat auch in Kontakt mit anderen Botanikern. Sein vorrangiges Interesse galt den Epiphyten oder Aufsitzerpflanzen, die auf anderen Pflanzen, meistens Bäumen, wachsen. Große Vorliebe hegte er dabei für Orchideen. In seiner Wahlheimat Costa Rica war Mister Charles als »Don Carlos« bekannt.

Lankester legte auf seiner Finca einen Privatgarten an, der sich im Lauf der Zeit zu einem botanischen Schatzkästchen entwickeln sollte. Nach dem Tod des Wissenschaftlers war klar, dass dieses Erbe eines besonders aufmerksamen Schutzes bedurfte. Für den Erhalt des Gartens traten außerhalb von Costa Rica insbesondere zwei US-amerikanische Institutionen ein: die American Orchid Society und der Stanley Smith Horticultural Trust. Die Organisationen sorgten dafür, dass das Grundstück im Jahr 1973 der Universität von Costa Rica zur Verfügung gestellt wurde. Allerding war damit die Auflage verbunden, die Anlage in einen botanischen Garten umzugestalten. Davon profitieren bis in die Gegenwart sowohl die Forschung als auch die Besucher.

Führende botanische Institution

Aus wissenschaftlicher Sicht wird hier nicht nur das Erbe des Charles H. Lankester für die Nachwelt gehegt und gepflegt, sondern ein klar formuliertes Anliegen verfolgt: »Der Auftrag des Botanischen Gartens Lankester ist es, den Erhalt, die Nutzung und die nachhaltige Verwendung der einheimischen Flora Costa Ricas zu fördern, die vom Aussterben bedroht ist.« Dieses Ziel sei durch Forschungsprogramme, Gartenbau und Umwelterziehung zu erreichen. Dabei wird in einem Atemzug herausgestellt, dass der Jardín Botánico Lankester eine »führende botanische Institution« beim Studium und beim Erhalt von tropischen Aufsitzerpflanzen in der Region Mittelamerika sei. Die Pflanzen in den Gewächshäusern stammen unter anderem von Expeditionen und Spenden von Naturbegeisterten. Über die Landesgrenzen hinweg betreibt die für den Garten verantwortliche Universität Costa Ricas regen Austausch mit botanischen Institutionen in aller Welt.

Rund 3000 Arten

Der Botanische Garten Lankester nimmt eine Fläche von elf Hektar ein. Es gibt lauschige Winkel und überall etwas zu entdecken, ob es nur grünt oder gerade blüht. Wer den Garten auf seinem ausgedehnten Wegenetz durchstreift, sollte auf jeden Fall Insekten- und Sonnenschutzmittel mitbringen – und von Mai bis Dezember auch unbedingt an einen Regenschutz denken.

Schätzungsweise 3000 Pflanzenarten gedeihen auf dem Gelände unter freiem Himmel, in Sekundärwäldern und Gewächshäusern. Besonders gut an das frische, feuchte Lokalklima des östlichen Zentraltals haben sich die Bromeliengewächse angepasst, die dank ihrer charakteristischen rötlichen Färbungen beliebte Zierpflanzen sind. Zu dieser Pflanzenfamilie zählt auch die Ananas mit ihren köstlichen Früchten. Auffällig sind aber auch die Helikonien mit ihren dekorativen Blütenständen, meterhohe Farne, Kakteen und Agaven sowie Pfirsichpalmen mit ihren essbaren Früchten. Über das Gelände verteilen sich insgesamt einige Dutzend Baumarten, darunter auch endemische Vertreter wie Guayabillo (*Eugenia cartagensis*), Guava María (*Inga montaniana*) und Yos (*Sapium oligoneurum*). Der üppige Garten lockt zudem Kolibris sowie zahlreiche andere Vogelarten an.

IM REICH DER ORCHIDEEN

Im Jardín Botánico Lankester ist selbstverständlich auch Costa Ricas Nationalblume Guaria Morada (*Guarianthe skinnerii*) vertreten, die in Lila- und Rosatönen blüht. Ansonsten liegt ein Schwerpunkt wie eh und je auf den Orchideen. Das dürfte ganz im Sinne von Charles H. Lankester sein und auch jene Besucher begeistern, die sich sonst nicht allzu viel aus diesen weit verbreiteten Gewächsen machen. Die beachtliche Sammlung setzt sich aus einheimischen und eingeführten Arten zusammen und umfasst auch Miniatur-Orchideen. Laut eigenen Angaben besitzt der Botanische Garten etwa 15 000 Orchideenpflanzen aus annähernd 1000 Arten, die meist ihren Ursprung in Mittelamerika haben. Costa Rica ist ja ohnehin ein Orchideenparadies: Von den 1400 Arten, die hier dokumentiert wurden, kommt rund ein Fünftel nur hier vor. Die meisten Orchideen stehen in den ersten Monaten des Jahres in Blüte.

WEITERE INFORMATIONEN

Jardín Botánico Lankester, Paraíso (Cartago), täglich von 8.30 bis 16.30 Uhr, www.jbl.ucr.ac.cr

Keine Frage, das grüne Tal von Orosi macht seinem Namen alle Ehre (oben). Hier wird auch Kaffee angebaut (rechte Seite unten). Kulturelle Hinterlassenschaft in der Natur ist die Kirchenruine von Ujarrás (rechte Seite oben).

4 Das grüne Tal – Valle de Orosi

Zentral und schön

Das südöstlich von Cartago gelegene Valle de Orosi ist ein Zentrum des Kaffeeanbaus und ein Traum in Grün. Viele Reisende und Einheimische halten es für das landschaftlich reizvollste Tal in ganz Costa Rica. Selbst wem das übertrieben erscheint, der muss zumindest zugeben: Der zauberhafte Landstrich gehört auf jeden Fall in die Spitzengruppe der schönsten Ziele.

So richtig paradiesisch wird es erst, wenn man den Ort Paraíso – das »Paradies« – hinter sich gelassen hat. Kurs Süd-Südost geht's nun hinein ins grüne Tal von Orosi, das auf den Programmen vieler Tourveranstalter steht. Viele Besucher wählen den Weg, der einmal im Kreis durch das Tal führt. Wer auf eigene Faust unterwegs ist, für den bietet sich bei der An- oder Abfahrt ab Cartago der Besuch des Botanischen Garten Lankester an.

Fruchtbare Kaffeeregion

Das Orosi-Tal zeigt sich in vielerlei Facetten. Dichte Vegetation überzieht die Hänge, der Stausee von Cachí fügt sich in die Szenerie perfekt ein. Das Tal ist dank seiner Fruchtbarkeit eine alte Kulturlandschaft, in der vor allem Kaffee, aber auch Zierpflanzen angebaut werden. Der wichtigste Anlaufpunkt ist der Ort Orosi, auf den der zwischen Paraíso und Orosi gelegene Aussichtspunkt Mirador Orosi einstimmt. Der Stopp zeichnet sich durch einen herrlichen Blick über das Tal aus und ist in einer gepflegten lauschigen Parklandschaft gelegen.

Koloniale Missionierung

Wahrzeichen des Ortes Orosi ist das kalkweiße Gotteshaus mit seinem gedrungenen Glockenturm und der Baustruktur aus dem 18. Jahrhundert. Hat man sich genug an den umliegenden Blumenbeeten erfreut, öffnet sich die Pforte in Costa Ricas älteste noch erhaltene Kirche aus der Kolonialzeit, die gleichzeitig Zeugnis der christlichen Missionierung unter den Spaniern ablegt. Vertieft man sich ein wenig in die Lokalgeschichte, erfährt man, dass in dem Gebiet ab 1560/1565 Franziskaner unter den verstreut lebenden Indigenen zu missionieren begannen. Sie waren, so sagt man, zuvor aus dem heutigen Südosten Costa Ricas geflüchtet, wo die Einheimischen ihr Kirchlein in San José Cabécar in Brand gesteckt haben sollen. Im Tal von Orosi entstanden aus einfachsten Materialien verschiedene kleine Kirchen, darunter auch die Vorläuferin des Gotteshauses in Ujarrás.

Ab 1743 kam es zum Bau der Kirche und eines kleinen Klosters der Franziskaner in Orosi. Unter ihrer Obhut fanden hier bis Ende des 18. Jahrhunderts einige Hundert Indigene zusammen. Dabei ging es nicht nur um die Verbreitung des katholischen Glaubens, sondern auch um das Leben in der Gemeinschaft mit Musik und Arbeiten – im Kloster befanden sich Werkstätten für Schreiner, Schmiede und Weber. 1846 verlegten die Franziskaner ihre Missionsarbeit nach Guatemala, in den 1940er-Jahren kehrten sie jedoch wieder zurück. Die Kirche wurde im Lauf der Zeit umfangreich restauriert und im alten Kloster ein religionsgeschichtliches Museum eingerichtet. 1996 war die Zeit der Franziskaner aufs Neue vorbei.

Warme Quellen, bunte Vögel

Die Bewohner von Cartago und San José steuern das Tal von Orosi bevorzugt an den Wochenenden an. Ein Ausflug in die Region kann zu verschiedenen lohnenden Zielen führen – beispielsweise zum Balneario de Aguas Termales in Orosi. In dem bekannten Thermalschwimmbad laden Freiluftbecken mit unterschiedlichen Wassertemperaturen zum Relaxen ein. Unterhaltsam ist auch die Besichtigung einer Kaffeefarm, beispielsweise bei Café Cristina, wo Biokaffee produziert wird. Zusätzlich kommt ein Abstecher in den Nationalpark Tapantí in Betracht, der bereits in der Cordillera de Talamanca liegt und als extrem niederschlagsreich gilt. Das Schutzgebiet ist Heimat von über 250 Vogelarten, darunter dem Quetzal und verschiedenen Kolibris.

DIE KIRCHENRUINE VON UJARRÁS

Ein Stück nordöstlich des Durchgangsortes Paraíso steht in einer kleinen, gepflegten Parkanlage die Kirche von Ujarrás, genauer gesagt: das, was die Zeiten und Naturkatastrophen von ihr übrig gelassen haben. Doch auch wenn das Dach verschwunden ist und manches mehr fehlt, lohnt es sich unbedingt, die Ruine der ältesten Kirche Costa Ricas zu besichtigen.

Ein erstes bescheidenes Gotteshaus für Nuestra Señora de la Limpia Concepción, »Unsere liebe Frau der reinen Empfängnis«, entstand um 1580, zwischen 1681 und 1693 folgte ein massiverer Bau. Im Lauf der Historie setzten Überflutungen und Erdbeben den Gebäuden so zu, das die Kirche von Ujarrás 1833 aufgegeben wurde. Im Jahr 1920 wurden die steinernen Reste, die perfekt mit dem umliegenden Grün harmonieren, zum Nationalmonument deklariert.

WEITERE INFORMATIONEN

www.orosivalley.com;
www.balnearioaguastermalesorosi.com;
www.cafecristina.com

Im Zentrum von Sarchí führen die Wege zur teils bemalten Kirche und zum ganz bemalten Ochsenkarren im XL-Format (oben). Die Farben prägen das Städtchen, deshalb ist Sarchí so bekannt (rechts).

5 Das bunte Dorf – Sarchí

Knallige Farben und Ochsenkarren

Sarchí liegt weit nordwestlich von Alajuela in den Ausläufern des Zentraltals. Die kleine Ortschaft ist berühmt für ihre Ochsenkarren, die in knalligen Farben kunstvoll bemalt werden. Ganz im Zeichen der Farben und fantasievollen Designs steht auch der Dorfplatz: Hier steht nicht nur der weltweit größte Ochsenkarren seiner Art, auch die Kirche zeigt sich bunt bemalt.

Zierliche Blütendekors leuchten blau und grün. Blumenmuster erstrahlen rosa und rot. Das Relief eines Christuskopfes ist von Gelb- und Orangetönen umgeben. Bei den Engeln herrschen dagegen fleischfarbene Töne vor. Ein paar Meter weiter gehen die Dekors ins Pastellfarbene über. Wer die Geschichte Sarchís und seine Tradition der bemalten Ochsenkarren nicht kennt, könnte die bunten Muster und Reliefbemalungen, die sich über Teile der Doppeltürme und Fassade der Dorfkirche ziehen, für übertrieben halten. Zugespitzt ausgedrückt: für maßlosen Kirchenkitsch. Doch dem ist nicht so. Alles hat seinen Sinn.

Spiegel der Kultur

Die 2016 beendete Bemalung der Kirche Santiago Apóstol war offiziell abgesegnet, und der bunte Dekor sollte nicht als Laune der Pfarrei missverstanden werden. Hinter dem Projekt steht die Absicht, »die Traditionen und Kultur von Sarchí« widerzuspiegeln, und die Einheimischen sollten dadurch einen »ganz neuen Grad der Identifikation« erleben, so der Wortlaut aus der Erklärung der zuständigen Diözese Alajuela. Das Haus Gottes, heißt es weiter, sei ganz gezielt mit Elementen dekoriert worden, »die die Menschen aus Sarchí aus dem Alltag kennen, von den Ochsenkarren, den daran angelehnten Verzierungen auf Brücken und in

Ja, es gibt sie noch auf dem Land um Sarchí, die Ochsenkarrengespanne (unten). Die filigranen Details der bemalten Kirche von Sarchí zeigen, dass in dem bunten Schmuck eine ganze Menge Arbeit steckt (ganz unten). Blick über die Künstlerschulter in einer lokalen Werkstatt, wo dekorative Objekte entstehen (rechts oben).

den eigenen Häusern.« Für das ungewöhnliche Vorhaben fielen einzig Kosten für die Materialien und für die Bezahlung der zwei Maler an, die die zuvor eher unscheinbaren Reliefs an der Kirchenfassade mit bunten Farben zum Leben erweckten.
Seither zieht die Farbenflut an Sarchís Kirche nicht nur die Blicke der Einheimischen an, mittlerweile kommen auch merklich mehr Touristen in die kleine Ortschaft. Diese hat auf dem Dorfplatz neben der Kirche, die mit ihrem Außendekor als echtes Unikat bezeichnet werden darf, noch eine weitere Attraktion zu bieten: Neben Jacarandabäumen steht dort unter einem Schutzdach der größte bemalte Ochsenkarren der Welt. Vier Meter ist das in überbordenden Farben dekorierte Gefährt hoch. Der Koloss entstammt den Werkstätten Eloy Alfaro und hat es sogar ins Guinnessbuch der Rekorde geschafft. Postiert man sich zum typischen Erinnerungsbild vor einem Wagenrad, wirkt man erstaunlich klein. Und natürlich farblos. Mit diesem Mix aus Rot, Grün, Blau, Rosa, Ocker, Weiß und Schwarz kann man es als Mensch einfach nicht aufnehmen.

Ochsenkarren als UNESCO-Welterbe

Wer genauer wissen möchte, was es mit den bemalten Ochsenkarren auf sich hat, kann die bekannte Traditionswerkstatt Fábrica de carretas Chaverri besuchen. Die Gefährte kamen ab Mitte des 19. Jahrhunderts im großen Stil als Transportkarren zum Einsatz, in denen der geerntete Kaffee aus dem Zentraltal an die Pazifikküste zum Hafen von Puntarenas gebracht wurde. Die beschwerliche Reise konnte durchaus zwei Wochen in Anspruch nehmen. »Da setzten sich regelrechte Karawanen aus Karren in Bewegung«, erläutert Fabrikchef Carlos Chaverri. Zudem wurden die Fuhrwerke zum Transport von Zuckerrohr genutzt. »Zeitweise waren die Karren auch unsere Ambulanz, und es gab sogar eine eigene Verkehrspolizei«, erzählt Chaverri.
Wer genau auf die Idee kam, die eigentlich schmucklosen Karren zu bemalen, weiß niemand genau. Über den Ursprung des Brauchs gibt es verschiedene Erzählungen. In der bekanntesten Version geht er auf einen Kaffeefarmer zurück, der acht Töchter hatte. Der Farmer schenkte jeder seiner Töchter einen Ochsenkarren und ließ diese mit jeweils unterschiedlichen Dekors verzieren. So war gleich zu erkennen, welcher der Töchter ein bestimmter Karren gehörte.

Die Anfänge des Brauchs mögen unbekannt sein, sicher ist jedoch, dass die knallbunten, fantasievoll bemalten Ochsenkarren mit der Zeit einen wahren Boom erlebten. In der 1903 in Sarchí gegründeten Werkstatt Chaverri füllten sich die Auftragsbücher. Hier bekamen die Kunden alles aus einer Hand, denn bei Chaverri baute man die Karren und dekorierte sie auch. »Farben wurden anfänglich auch aufgetragen, um die Räder gewissermaßen zu imprägnieren und vor Schlamm und Schmutz zu schützen«, erläutert Señor Chaverri. Im Lauf der Zeit gewannen die bemalten Ochsenkarren an Prestige, stiegen sogar zu Statussymbolen auf, wurden stolz bei Feierlichkeiten präsentiert, wandelten sich von Gebrauchs- zu Dekorationsobjekten. Im Jahr 2008 erhob die UNESCO die »Tradition des Bemalens und Dekorierens von Ochsenkarren« zum Immateriellen Kulturerbe der Menschheit.

Selbst im Schwarzwald ...

Firmenchef Chaverri macht keinen Hehl daraus, dass die Bestellungen mittlerweile zurückgegangen sind. »Früher produzierten wir 100 oder 200 Karren pro Jahr, heute ist es manchmal nur ein Karren im Monat«, bedauert er. Voller Stolz erzählt er, dass seine Werkstatt einmal sogar einen Karren nach Lahr im Schwarzwald geliefert habe. Auch in den USA, in Ländern Asiens und des Orients stünden bemalte Ochsenkarren aus Sarchí, so Chaverri, und in Costa Rica sowieso, darunter in diversen Hotels.

Früher, setzt Chaverri hinzu, habe sein spezifisches Holpern einem Karren immer eine besondere Klangnote verliehen. Es sei gewissermaßen die »Musik der Karren« und schon aus einem Kilometer Entfernung zu hören gewesen. »Zeit genug für die Frau, sich daheim am Herd an die Zubereitung des Essens zu machen oder für deren Liebhaber, in aller Schnelle aus dem Haus zu flüchten«, sagt Chaverri und lacht.

In der Traditionswerkstatt Chaverri sichert heute der Küchenbau das Überleben. »Eine Küche nutzen die Leute jeden Tag, einen Karren im Alltag eher nicht mehr«, schätzt Chaverri die Situation realistisch ein. Außerdem brauche eine Küche nicht dekoriert zu werden. Gleichwohl sind bemalte Ochsenkarren bei Festlichkeiten und anderen Anlässen im Einsatz und bei der touristischen Vermarktung Costa Ricas nicht wegzudenken. Und so sind noch immer einige Kunstmaler in der Werkstatt der Fábrica de carretas Chaverri tätig.

FÁBRICA DE CARRETAS CHAVERRI

Die in ganz Sarchí dominierenden Farben finden sich auch in der Fábrica de carretas Chaverri wieder. In der Traditionswerkstatt für bemalte Ochsenkarren riecht es durchdringend nach Farbe, und Meister wie der gehörlose Ricardo, der besonders fein den Pinsel führt, sind akribisch bei der Arbeit. Ein anderer Künstler, Wilson, arbeitet seit über zwei Jahrzehnten in der Fábrica. Er lässt sich geduldig über die Schulter schauen, während er Muster auf ein Ochsenkarrenrad aufträgt. »Für uns Künstler kommt es immer darauf an, kalte und warme Farben zu kombinieren«, erklärt er. Ein kompletter bemalter Ochsenkarren kostet 3500 US-Dollar. Das sprengt so manches Budget, zudem hätten die Wenigsten Platz für ein solches Kunstwerk. Gut, dass es im Verkaufsraum der Werkstatt auch Karren im Miniaturformat fürs Regal gibt.

WEITERE INFORMATIONEN

Fábrica de carretas Chaverri, Sarchí, Alajuela, www.facebook.com

Blumenpracht beim sogenannten Fortín in Heredia.

6 Stadt der Blumen – Heredia

Betriebsam unter dem Vulkan

In Hinsicht auf das bunte Leben in den Straßen steht Heredia der Hauptstadt San José in kaum etwas nach. Überall geht es geschäftig zu, natürlich auch in der Markthalle. Wer sich dazwischen eine Auszeit gönnt, genießt den Blick auf die Berge.

Auf einem Holzschild am Zentralpark ist es zu lesen: Heredia ist die »Ciudad de las Flores«. Doch bei näherem Hinsehen gibt es in der »Stadt der Blumen« eigentlich nicht mehr Blumen als andernorts in Costa Rica. Seitlich der Hauptkirche La Inmaculada von 1797 sorgen Christsterne für rote Farbtupfer. Und der Zentralpark bietet einen repräsentativen Querschnitt der Flora des Landes. Dank der spanisch-lateinischen Beschriftungen lernt man die Namen der violett blühenden Bauhinien, Gelben Trompetenblumen und vielen anderen Pflanzen kennen. Mitten auf dem Platz nehmen Tauben ihr Brunnenbad. Rundherum finden sich Heredianer zur Rast auf den Ruhebänkchen ein. Hier sucht man den Schatten der Bäume, trifft sich zum Plausch, liest die Zeitung. An vielen Orten in der Stadt, selbst von den Treppen hinauf zur Kirche La Inmaculada, schaut man hinaus auf die grünen Bergriesen, die das Zentraltal flankieren, darunter der 2906 Meter hohe Vulkan Barva.

Das wahre Leben

Heredia ist vor allem eines: authentisch. Der Alltag in den Straßen nimmt seinen ungekünstelten Lauf. Überall geht es geschäftig zu, ob in der Schusterei, in Boutiquen, im Tattoostudio, in Shops mit Ledertaschen und Gürteln. Die Markthalle im Zentrum bietet alles Erdenkliche, die Essensstände sind bestens frequentiert. Das kurioseste Bauwerk steht nahe dem Zentralplatz und heißt Fortín: ein festungsartiger Rundturm aus dem 19. Jahrhundert, mit auffälligen runden Fensteröffnungen.
www.hallo-costarica.com/heredia.html

Paradiesisches Fleckchen: Ein Wasserfall bei Rara Avis

7 Grüne Wildnis – Rara Avis Rainforest Lodge

In die Natur eintauchen

Costa Rica hat sich international einen hervorragenden Ruf im Naturtourismus erarbeitet. Eine außergewöhnliche Basis, um in die grüne Wildnis des Landes einzutauchen, bietet die Rara Avis Rainforest Lodge.

Die Rara Avis Rainforest Lodge setzt auf einen Ökotourismus vom alten Schlag, bei der nicht der Komfort im Mittelpunkt steht, sondern das unmittelbare Erleben. Dazu gehört schon die Anreise, denn die Lodge ist schwer erreichbar. Am besten setzt man sich in Las Horquetas aufs Pferd und legt schließlich den letzten Abschnitt der Strecke zu Fuß zurück. Zudem warnen die Leiter der nach eigener Auskunft »ältesten und pursten Regenwald-Lodge« in Costa Rica: »Wenn Sie nach Tennisplätzen und Swimmingpools, Haatrocknern und Fernsehern suchen, ist Rara Avis der falsche Platz.«

Balanceakt zwischen Business und Naturschutz

Die Rara Avis Rainforest Lodge ist auf 700 Meter Höhe in Nachbarschaft zum Nationalpark Braulio Carrillo und der Schutzzone La Selva gelegen. Hier kann man auch im wörtlichen Sinne in die Natur eintauchen, denn nur wenige Gehminuten entfernt kann man an einem Wasserfall herrlich baden. Den Gästen stehen Zimmer und Gemeinschaftshütten, die *casitas*, zur Verfügung, Strom gibt es nur für wenige Stunden am Tag und nur in Teilen der Anlage. Die Küche ist einfach, schmackhaft und ehrlich.

Es steht außer Frage, dass Ökotourismus immer eine Gratwanderung bedeutet. Die 1983 gegründete Lodge zeigt jedoch, wie sich der schwierige Balanceakt zwischen den wirtschaftlichen Erfordernissen und dem so wichtigen Erhalt des Regenwalds erfolgreich meistern lässt.

www.rara-avis.com

8 Vulkane und Wasserfälle – Nationalpark Braulio Carrillo

Schier unendlicher Regenwald

Der Nationalpark Braulio Carrillo ist eines der größten Naturschutzgebiete Costa Ricas. Er umfasst in weiten Teilen Höhenzüge, die von dichtem Regenwald bedeckt sind. Besonders markante Erhebungen sind die Vulkane Barva und Cacho Negro. In dem niederschlagreichen Gebiet fließen zahllose Flüsse und Bäche, die vielerorts als Wasserfälle in die Tiefe stürzen.

Übergang mit einem gewissen Schwankungspotenzial – Hängebrücke an der Dschungelseilbahn (unten). Und in der geht's dann auf eine besondere Entdeckungsfahrt (rechte Seite unten). Der Nationalpark Braulio Carrillo ist Lebensraum von Faultieren (rechte Seite oben).

Ob extra geplant oder nicht: Wer von der Hauptstadt San José aus auf der Landstraße Nr. 32 nordostwärts Richtung Guápiles fährt, durchquert automatisch ein Gebiet des Nationalparks Braulio Carrillo. Unterwegs kann man sich schon von der Straße aus ansatzweise ein Bild von der grünen Vielfalt des Gebiets machen. Farne sprießen aus Felsen, gewaltige Blätter aus der Pflanzenfamilie Gunnera wuchern bis an den Asphalt heran. Die Mammutblätter erreichen leicht und locker einen Durchmesser von zwei Metern. Dem Volksmund fällt dazu das passende Prädikat ein: Regenschirm der armen Leute.

Den Parque Nacional Braulio Carrillo, den die Politik 2015 auf etwa 50 000 Hektar erweitert hat, überzieht ein Teppich aus dichtem Grün. Er ist der größte Nationalpark im Herzen Costa Ricas und steckt das Zentraltal nach Norden hin ab. Beim Blick auf die Landkarte sieht man, dass sich das Parkgebiet Richtung Norden verengt und die Parkgrenzen auf Puerto Viejo de Sarapiquí zulaufen. Im Südwesten schließt sich in der Cordillera Volcánica Central der Vulkan

Poás an, im Südosten der Vulkan Irazú – doch der Park selbst wird gleichermaßen von hohen Bergen geprägt, unter anderem vom 2906 Meter hohen Vulkan Barva sowie vom Cacho Negro, der eine Höhe von 2150 Metern erreicht.

Präsidialer Namensgeber

Der Nationalpark heißt nach einem der ersten Staatspräsidenten Costa Ricas, Braulio Carrillo Colina (1800–44), der das Land in zwei Amtsperioden von 1835 bis 1842 regierte. Gegründet wurde er jedoch erst 1978, ein Jahr nach dem Baubeginn der Straße von San José nach Guápiles. Mit Ausweisung des Schutzgebiets wurde die Natur vor weiteren irreversiblen Zerstörungen bewahrt.

Das weitläufige Areal ist mehrheitlich von Primärwald bedeckt. Forscher haben hier bis heute rund 6000 Pflanzenarten registriert, darunter Helikonien, Bromelien und Farne. Um Längen höher ragen Mahagonibäume (bekannt auch als Caobas), Kapokbäume (Ceibas), Botarramas aus der Vochsyia-Familie (*Vochsyia ferruginea*) und costa-ricanische Eichen (*Quercus costaricensis*) auf. Inmitten der dichten Vegetation klettern Zwei- und Dreifingerfaultiere, Brüllaffen und Weißschulter-Kapuzineraffen in den Bäumen, jagen Pumas und Jaguare, leben Tapire, Weißbartpekaris, Ameisenbären und mehr als 500 Vogelarten, darunter Kolibris, Königsgeier, der Maskenklarino und der legendäre Quetzal. Häufig anzutreffen sind Frösche und Kröten, in vermindertem Maße Schlangen.

Trails durch den Regenwald

Zugang zum Park bieten unterschiedliche Sektionen mit Rangerstationen. Der Klassiker ist die im Südwestteil gelegene Rangerstation Volcán Barva, die man von Heredia aus Richtung Norden erreicht. Durch diesen Parkabschnitt führen die vier ausgewiesenen Wege Cacho Venado, Laguna Barva, Copey und Mirador Vara Blanca. Der Sektor Quebrada González liegt im äußersten Südosten des Parks; dort erkundet man auf den drei kürzeren Trails Las Palmas, El Ceibo und Botarrama den Regenwald. Wer nicht mit dem eigenen Auto kommt, kann in San José eine Tagestour bei einem Veranstalter buchen – und in kurzer Zeit bequem verschiedene Teile des Nationalparks kennenlernen.

In manchen Gebieten des Nationalparks erreicht der Jahresniederschlag stolze 5800 Millimeter. Am besten kommt man in den trockenen Monaten zwischen Dezember und April, denn in der restlichen Zeit des Jahres präsentiert sich die Landschaft oft wolkenverhangen und regnerisch. Doch unabhängig davon, zu welcher Zeit man kommt, robuste Schuhe sollte man immer tragen.

IN DER DSCHUNGELSEILBAHN

Rainforest Adventures Costa Rica Atlantic Aerial Tram heißt die Dschungelseilbahn, die ihre Besucher hinter der südöstlichen Grenze des Nationalparks Braulio Carrillo erwartet. Man erreicht sie über eine Abzweigung an der Landstraße 32, die von San José an die Karibikküste nach Limón führt. Über ein 475 Hektar großes Privatgelände schwebt man in offenen Metallgondeln im Schneckentempo durch das Grün und über Baumkronen hinweg. Ganz bequem erlebt man hier die Natur aus ungewohnter Perspektive. Ein Guide hilft dabei, dass man viele Urwaldbewohner entdeckt. Über die Homepage der Aerial Tram kann man Fahrten online buchen, auch als *Full Package* inklusive Lunchpaket und Transfer zur Seilbahn und wieder zurück.

www.rainforestadventure.com

WEITERE INFORMATIONEN

Informationen über alle Naturschutzgebiete findet man auf der Website des Nationalen Naturschutznetzes Sistema Nacional de Áreas de Conservación Costa Rica, www.sinac.go.cr.

Blick auf die Hauptfassade der Kathedrale von Alajuela (oben). Außerhalb der Stadt erstrecken sich Kaffeeplantagen (rechte Seite unten). Das Monument in Alajuela erinnert an den Nationalhelden Juan Santamaría (rechte Seite oben).

9 Freundliche Provinzmetropole – Alajuela

Costa Ricas zweitgrößte Stadt

Alajuela zählt rund 50 000 Einwohner, liegt im Zentraltal unterhalb des 2704 Meter hohen Vulkans Poás und bietet alle guten Zutaten einer freundlichen Provinzmetropole: einen Stadtpark, Kirchenbaukunst in Form der Kathedrale, dazu Einkaufs-, Übernachtungs- und Einkehrmöglichkeiten. Wem die benachbarte Hauptstadt San José zu hektisch ist, findet hier eine gute Alternative.

Im Park vor der Kathedrale fließen die Fäden des Lebens in Alajuela zusammen. Einheimische kommen und gehen, ruhen sich auf Bänkchen aus. Schuhputzer wienern, was das Zeug hält. Polizeistreifen sind auf Trekkingrädern unterwegs. Hochstämmige Palmen ragen himmelwärts auf. Tauben nehmen ein Bad in den zentralen Brunnenschalen. Rundum sieht man, dass die Ham- und Cheeseburgerisierung von Innenstädten auch hier ihren Lauf genommen hat. Doch keine Sorge, es gibt genügend stilvollere Gelegenheiten zur Einkehr.

Die Hauptstadt der Provinz Alajuela ist nicht weit von Costa Ricas internationalem Flughafen auf gemäßigten 950 Metern gelegen. Sie weist das ganze Jahr über ein angenehmes Klima auf und bietet sich als idealer Startpunkt zu Entdeckungen im nördlichen Zentraltal an, vor allem zum Vulkan Poás.

Geschäftige Überlebenskünstlerin

Alajuela wurde 1782 gegründet, doch in den Jahren 1851, 1882, 1888 und 1889 zerstörten Erdstöße viele der älteren Gebäude. Schwere Schäden richtete auch ein Beben im Jahr 2009 an. Die Stadt wurde jedoch immer wieder aufgebaut und hat trotz ihrer Nähe zum benachbarten San José stets ihre eigene Identität im dicht besiedelten Zentraltal behauptet. Dafür steht nicht zuletzt der historische Volksheld

Juan Santamaría. Alajuela steht darüber hinaus in einer besonderen Verbindung zu Deutschland. Seit 2006 ist Lahr im Schwarzwald die deutsche Partnerstadt. Es gibt auch einen eigenen Freundeskreis Alajuela-Lahr, der sich für den kulturellen Austausch und soziale Projekte einsetzt.

Die Mangostadt

Das Stadtgebiet selbst ist durch einige Grünzonen aufgelockert, was zu Alajuelas freundlichem Gesamteindruck beiträgt. Selbstverständlich fehlen auch hier nicht die für Costa Rica typischen abenteuerlichen Kabelgewirre über den Straßen. Eine Besonderheit sind die vielen Mangobäume, weshalb die selbsternannte Ciudad de los Mangos, die »Stadt der Mangos«, alljährlich im Juli ein Mangofestival feiert.
Auf der Suche nach weiteren kulturellen Events führt der Weg in das Teatro Municipal und zu den Sonntagskonzerten im Stadtpark. Alajuela ist aber vor allem auch ein wichtiges Handelszentrum. Besonders geschäftig ist der zentrale Markt, dem man einen Besuch abstatten sollte. Etwas außerhalb liegt eine der riesigen Shoppingmalls, die Costa-Ricaner so sehr lieben.

Kathedrale und Zoo

Alajuela ist darüber hinaus Bischofssitz, ein erstes kleines Oratorium soll hier bereits 1782, im Jahr der Stadtgründung, erbaut worden sein. Die heutige, umfassend restaurierte Catedral de Nuestra Señora del Pilar ist das Mutterhaus der 1921 gegründeten Diözese Alajuela. Das bedeutendste Bauwerk der Provinzmetropole sticht mit seinen von Kreuzen gekrönten Türmen, die sich zum Zentralpark hinwenden, aus dem Stadtbild hervor. Während das Äußere der Kathedrale streng und nüchtern wirkt, überrascht der lang gestreckte Innenraum mit seinen modernen Dekors. Von den Bänken im Mittelteil schaut man hinauf zu farbenprächtigen Gewölbemalereien, die die Kreuzabnahme und andere bekannte biblische Szenen zeigen. Um die seitlichen Fenster und Türen ziehen sich dezentere florale Muster. Einen pompösen Eindruck hinterlässt das Miteinander aus Altarraum und reich ornamentierter Kuppel. Draußen blühen an den Seiten des Gebäudes Bougainvilleen, Hortensien und Rosen.
Tierfreunde kommen im Zoo Ave auf ihre Kosten. Der etwas außerhalb in La Garita de Alajuela gelegene Zoo hat sich der Aufnahme bedrohter Tiere verschrieben. Auf dem weitläufigen tropischen Gelände kann man zahlreiche Vögel, aber auch Säugetiere und Reptilien beobachten. Auf der Suche nach kulturellen Events führt der Weg ins Stadttheater, das Teatro Municipal. Und sobald man aus Alajuela aufs Land hinausfährt, greift das Grün um sich, zu dem auch Kaffeeplantagen zählen.

MUSEUM JUAN SANTAMARÍA

San Josés internationaler Flughafen ist nach ihm benannt, und mitten in der Stadt Alajuela hat er seinen Platz auf einem Denkmal: Juan Santamaría (1831–56). Um die Verehrung zu verstehen, gilt es, ins Jahr 1856 zurückzublättern. Besessen von der wahnwitzigen Idee, Mittelamerika unter seine Herrschaft zu bringen, unternahm damals der US-amerikanische Abenteurer William Walker von Nicaragua aus den Versuch, Costa Rica zu unterwerfen. Doch die Costa-Ricaner hielten dagegen. Als Walkers Truppen bei der Schlacht von Rivas in einen Holzbau zurückgedrängt wurden, entschied man sich, das Gebäude in Brand zu stecken. Der Soldat Juan Santamaría stürmte mit einer improvisierten Fackel in der Hand auf den Feind zu und fiel. Bis heute wird er als Nationalheld verehrt. Ihm und den historischen Ereignissen jener Zeit ist in Alajuela das Museo Histórico Cultural Juan Santamaría gewidmet.
www.museojuansantamaria.go.cr

WEITERE INFORMATIONEN

Allgemeine Informationen und Veranstaltungshinweise für Alajuela unter www.facebook.com/ciudaddelosmangos

10 Der unberechenbare Riese – Vulkan Irazú

Im Bann der Krater

Er ist Costa Ricas höchster Vulkan und ragt rund 30 Kilometer nördlich von Cartago in einem kleinen Nationalpark auf: der 3432 Meter hohe Irazú. 1963 lieferte der Vulkan die bislang verheerendsten Eruptionen, und auch heute ist er nicht erloschen. Ein Besuch des launenhaften Giganten ist deshalb immer ein spannendes Unterfangen.

Wo die Zeugnisse wilder Naturgewalten die Szenerie beherrschen, wird's zwangsläufig ungemütlich: kalt, feucht, oftmals neblig. Unbestritten ist, dass der Vulkan Irazú in jederlei Hinsicht den Atem raubt. Die Luft wird in der Höhe merklich dünner, und bei empfindlichen Besuchern können sich Beschwerden einstellen. Zudem sollte man sich warm anziehen, denn die Temperaturen in der Gipfelregion bewegen sich im Jahresdurchschnitt zwischen fünf und neun Grad Celsius. Wenn einem der häufig eisige Wind in die Knochen fährt, ist man dankbar, an eine wetterfeste Jacke, Kopfbedeckung und Ohrschutz gedacht zu haben – ansonsten ist man schon durchgefroren, sobald man nur eine kurze Strecke vom Parkplatz aus zurückgelegt hat. Man kann kaum glauben, dass man sich hier in einem Land befindet, in dem man sich andernorts an Palmenstränden im Wasser aalt!

Aussichten auf die Aussicht

Die An- und Auffahrt nördlich von Cartago ist einfach, wolkenfreie Sicht auf dem Irazú aber nie garantiert und schwer vorherzusagen. Als beste Besuchszeit gilt die Trockenzeit zwischen Dezember/Januar und April. Speziell in der Regenzeit kann es schwierig werden, einen Panoramablick zu erwischen. Die besten Aussichten auf eine Aussicht bestehen frühmorgens. Sollte

Der Vulkan Irazú bietet eines der beeindruckendsten landschaftlichen Erlebnisse in Costa Rica (unten). Unterhalb des Irazú zieht sich der Nebel stimmungsvoll in die Bäume (rechte Seite oben). Zum kleinen Komplex Nochebuena gehört ein Vulkanmuseum (rechte Seite unten).

alles freigepustet sein, fühlt man sich wie auf einem echten Thron über Costa Rica und hat weite Teile des Landes im Blick. Dann kann man sogar – und dies ist eine wirkliche Besonderheit – auf zwei Meere blicken, auf den Pazifik und das Karibische Meer. Einen herrlichen Blick über Teile des Zentraltals bis nach San José bietet bereits die Auffahrt. Sie beginnt in den fruchtbaren Gebieten am Fuße des Vulkans, in denen vorwiegend Kartoffeln, Zwiebeln, Tomaten und Möhren angebaut werden.

Der »Grollende Berg«

Der Irazú ist ein geologisch junger Schichtvulkan. Sein Name leitet sich von der indigenen Bezeichnung Iztarú oder Istarú ab und bedeutet »grollender Berg«. Von einem nennenswerten Ausbruch des Irazú berichtete 1723 Diego de la Haya Fernández, der damalige Gouverneur der Provinz Cartago. Im 19. und 20. Jahrhunderts schilderten immer wieder Reisende in ihren Berichten vulkanische Aktivitäten, die sich anhand der aktiven Fumarolen erkennen ließen. 1963 kam es zu den bis heute folgenschwersten Eruptionen, die dafür sorgten, dass 300 Häuser des Ortes Taras de Cartago verschwanden. Über Monate hinweg wurde damals Vulkanasche ins Zentraltal getragen. 1994 folgte ein kleinerer Ausbruch. Seither herrscht Ruhe – doch die kann trügerisch sein. Fumarolen zeigen, dass das Innere des »grollenden Bergs« weiterhin lebendig ist. Darauf haben sich Forscher und Warnsysteme vorsorglich eingestellt.

Der Gipfelkönig

Auf dem gut erschlossenen Gipfelgebiet lässt das raue Bergklima im Wesentlichen nur eine niedrige Vegetation zu. Seit 1955 steht das mit gerade einmal 2000 Hektar Fläche relativ kleine Areal als Nationalpark unter Schutz. Fünf Krater besitzt der Irazú, der König der Gipfelregion ist natürlich der 300 Meter tiefe Hauptkrater, dessen Durchmesser knapp über tausend Meter misst. In der Mitte liegt der grüne Säuresee, dessen Wasserspiegel schwankt. Mit 700 Meter Durchmesser und knapp 100 Meter Tiefe nimmt sich der Nebenkrater Diego de la Haya Fernández ebenfalls beachtlich aus.

MUSEO DE VOLCANES

Passend zu einem Ausflug auf den Irazú bietet sich der Besuch des Vulkanmuseums an. Das Museo de Volcanes gehört zum familiär geführten touristischen Komplex Nochebuena, wo man auch ein Restaurant findet. Das Museum ist mit Karten, Schautafeln und weiterem Material anschaulich aufgezogen und in verschiedene Bereiche unterteilt. Behandelt werden Themen wie die Zusammensetzung des Planeten Erde, die Bestandteile von Vulkanen, Vulkane auf der Erde und anderen Planeten, die prägnantesten Vulkane in Costa Rica sowie die spezifische Flora und Fauna im Nationalpark Irazú. Gezeigt werden auch Zeitungsausschnitte zum Ausbruch des Irazú 1963 und ein Video über den mächtigen Vulkan.

WEITERE INFORMATIONEN

Nochebuena, Carretera al Volcán Irazú, km 24,5, www.nochebuenacr.com; Nationales Naturschutznetz Sistema Nacional de Áreas de Conservación Costa Rica, www.sinac.go

Der Vulkan Irazú treibt es mit 3432 Meter Höhe in Costa Rica auf die Spitze.

Grüne Landschaften unterhalb des Vulkans Poás (oben). Das Innenleben eines Vulkans verdeutlicht dieses Schaubild im Museum (rechte Seite unten).

11 Noch immer aktiv – Vulkan Poás

Der Inbegriff ungezähmter Natur

Einfach spektakulär! Wer dem Poás in den offenen Schlund schaut, sprich: in seinen Hauptkrater samt Kratersee, kann ermessen, welche Naturgewalten sich in dem Berg verstecken und jederzeit aufs Neue ausbrechen können. Um einen solchen Blick in den aktiven Vulkan zu erhaschen, braucht man jedoch ein wenig Glück, denn das Wetter spielt auf dem 2704 Meter hohen Gipfel nicht immer mit.

Es ist einfach dieses Privileg, das Costa Rica so besonders macht: Naturwunder wie die Vulkane Poás und Irazú sind unglaublich leicht zu erreichen. Zufahrt, Parkplatz, einfacher Fußweg – und schon steht man an den eindrucksvollsten Aussichtspunkten und kann die Speicherkarten der Kameras füllen. Zumindest theoretisch. Denn ob man auf dem Poás tatsächlich einen freien Blick in den Hauptkrater und auf den Kratersee genießen kann, steht auf einem anderen Blatt. Leider hält sich der Vulkan nicht selten in einer dicken Wolkensuppe versteckt. Falls das Wetter jedoch mitspielt, bekommt man automatisch Anschauungsunterricht in Sachen Erdgewalten und Vulkanismus – und kann leicht nachvollziehen, warum der Poás in präkolumbischer Zeit als Sitz der Götter verehrt wurde. Einer der großen Bewunderer des Poás war der deutsche Arzt und Forschungsreisende Alexander von Frantzius (1821–77), nach dem ein Vulkankegel benannt worden ist.

Ein vulkanisches Highlight

Der Poás erhebt sich knapp 40 Kilometer nördlich der Stadt Alajuela in der vulkanisch geprägten Zentralkordillere, an seinen erweiterten Ausläufern wird Kaffee angebaut. Wie der Irazú ist er ein Schicht- oder Stratovulkan – und darüber hinaus nicht nur einer der sehenswertesten und faszinierendsten Vulkane Costa Ricas, sondern ganz Mittelamerikas. Seit dem 19. Jahrhundert dokumentieren Berichte wiederholte vulkanisch aktive Phasen, in denen der Berg insgesamt einige Dutzend Male mit heftigen Beben, Ascheregen und Lavaströmen auf sich aufmerksam machte. Zuletzt hat sich der Poás im April 2017 erheblich geregt. Nach Eruptionen musste der Park vorübergehend gesperrt werden, die umliegenden Gemeinden wurden in Alarmbereitschaft versetzt.

Frühmorgens zur kochenden Erde

Der 6506 Hektar große Parque Nacional Volcán Poás schützt das Gebiet des Vulkans mit seinem artenreichen Nebelwald, in dem bislang allein 80 Vogelarten nachgewiesen sind. In den Höhenlagen kann ein eisiger Wind wehen, ist es häufig ungemütlich kühl und feucht, man sollte also entsprechend angezogen sein. Die beste Chance, einen freien Blick auf die Krater und das Umland genießen zu können, hat man in den trockeneren Monaten zwischen Dezember/Januar und April. Garantiert ist eine schöne Aussicht aber auch dann nicht. Am besten hält man sich an folgende Faustregel: Je früher am Tag man kommt, desto größer ist die Wahrscheinlichkeit.

Bevor man den Eintrittspreis entrichtet, der in Costa Ricas Nationalparks für Ausländer stets deutlich höher ist als für Einheimische, sollte man sich nach der Zugänglichkeit der Trails erkundigen. Einen Preisnachlass für Teilsperrungen der Wege gibt es nämlich nicht. Allgemein gilt, nach Möglichkeit die Wochenenden zu vermeiden, denn unter den Ticos steht ein Ausflug zu diesem Naturwunder vor der eigenen Haustür hoch im Kurs. Dann kann sich das Gelände übermäßig füllen. Im Besucherzentrum finden sich vertiefende Informationen zur Vulkangeschichte, während sich das Café preislich und qualitativ eher durch Touristennepp auszeichnet.
Vom Parkplatz aus gelangt man auf einem leichten Fußweg zu dem im Durchmesser knapp 1,5 Kilometer großen und 300 Meter tiefen Hauptkrater, in dem ein Laguna Caliente genannter Säuresee türkisblau leuchtet. Kleine Gasausstöße verraten immer wieder, dass der Poás noch immer äußerst lebendig ist. An manchen Tagen setzt der Vulkan beachtliche Rauchzeichen, wenn in seinem Innern die Erde regelrecht kocht. Vom Hauptkrater empfiehlt sich unbedingt der Weg zum etwa einen Kilometer entfernten Krater Botos, in dem ebenfalls ein See liegt.

POÁS LODGE

Wer im Bereich des Nationalparks Volcán Poás ein Quartier sucht, trifft mit der Poás Lodge eine gute Wahl. Die Lodge liegt etwa vier Kilometer vom Zugang zum Nationalpark entfernt. Eigentlich hat man von hier aus eine hervorragende Aussicht, doch die Wolken im Gebirge sind ebenso unvorhersehbar wie beim Vulkanriesen selbst. Das Hotel ist klein, aber fein und gehört einem Brüderpaar aus Texas, Stephan und Jimmie. Beide helfen bei Bedarf mit Tipps und Informationen gerne weiter. Der Unterkunft ist ein Restaurant angeschlossen, das Frühstück und Abendessen serviert, Mittagessen jedoch nur nach rechtzeitiger Reservierung.
Poás Lodge, Poasito, Tel. 506-248 210 91, www.poaslodge.com

WEITERE INFORMATIONEN

Auf der Facebook-Seite des Volcán Poás werden gelegentlich Informationen zu Sicht und Temperaturen eingestellt. Der Park ist täglich von 8 bis 15.30 Uhr geöffnet. www.facebook.com/volcan.poas?fref=ts

PERMANENCIA MAXIMA
EN ESTA AREA
20 MIN
MAXIMUM STAY IN
THIS AREA

Auf dem 2794 Meter hohen Poás reicht der Blick über eine vulkanische Landschaft.

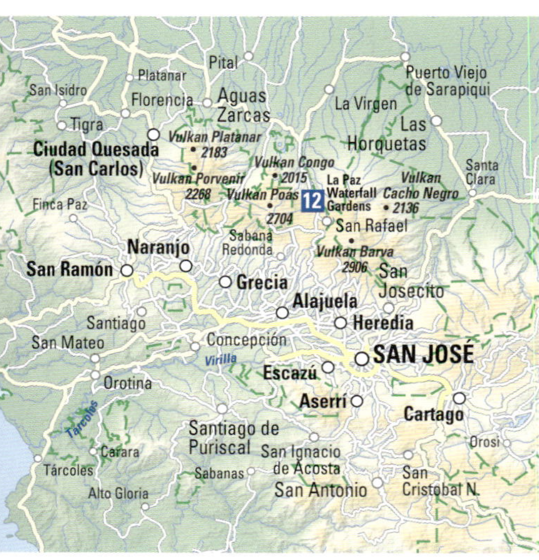

12 Wasserfälle und Kolibris – La Paz Waterfall Gardens

Reizvoll trotz Kommerz

Ja, es ist richtig, dass das Gelände der La Paz Waterfall Gardens touristisch aufgezogen ist. Ja, es stimmt, dass an manchen Tagen die Besucher in Massen herbeiströmen, vor allem an Wochenenden. Und es gibt nichts daran zu rütteln, dass man für den Eintritt einen stolzen Preis bezahlen muss. Dennoch ist das Ganze reizvoll. Was der Natur zu verdanken ist.

Es gibt viel zu sehen und zu entdecken in den La Paz Waterfall Gardens – und zu hören auch. Denn stattliche Wasserfälle stürzen hier durch dichtes Grün in die Tiefe. Ein Übersichtsplan hilft, das 70 Hektar große private Schutzgebiet in Eigenregie ausgiebig zu entdecken. Man sollte sich zwei bis drei Stunden Zeit nehmen, um alle Details unter die Lupe zu nehmen. Und das sind eine ganze Menge.

Fünf Wasserfälle

Den Rahmen für die Entdeckungen gibt ein verästeltes, 3,5 Kilometer langes Netz an betonierten Wegen vor. Beispielsweise führt der »Farnweg«, Sendero de Helechos, am »Forellensee«, Lago de Truchas, entlang und bindet an den Flussweg Sendero Río La Paz an. Alle Wege sind bequem zu begehen, aber nicht frei von Anstrengungen: Zum einen ist die Luftfeuchtigkeit ziemlich hoch, zum anderen fällt das Gelände zu den Wasserfällen hin ab, an die man relativ nahe herankommt.
Insgesamt sind es fünf Fälle, die samt den dahinströmenden Wassern des Río La Paz das Gelände der La Paz Waterfall Gardens nach Norden und Osten hin begrenzen: die Catarata

Die vielen Wasserfälle des Gebiets verliehen den La Paz Waterfall Gardens ihren Namen (unten). Hier bieten sich beste Gelegenheiten, um Kolibris zu beobachten (rechte Seite oben).

Templo (26 Meter), Catarata Magia Blanca (37 Meter), Catarata Encantada (20 Meter), Catarata Escondida (5 Meter) und Catarata La Paz (34 Meter). Die Catarata La Paz kann man im Übrigen auch zum Nulltarif sehen, denn der Wasserfall rauscht gleich neben der Landstraße, die von Norden her Richtung Alajuela führt.

Kolibris und Schmetterlinge

Echte Abenteuer in unverfälschter wilder Natur wird man in den La Paz Waterfall Gardens nicht erleben. Dazu ist das Gelände samt den Resten aus Regen- und Nebelwald zu sehr urbar gemacht und durchkommerzialisiert worden. Außerdem ist man nicht allein auf weiter Flur; an manchen Tagen rücken mehr als 2500 Besucher an.

Gleichwohl sollten Fotografen stets aufmerksam sein, denn Kolibris werden unter anderem mit Zuckerrationen in aufgehängten Trinkbehältern angelockt. Dazu geht man in den Jardín de Colibríes, in dem Helikonien blühen. Ornithologen haben in diesem »Kolibri-Garten« über zwei Dutzend verschiedene Arten der Minivögel gezählt. Oftmals herrscht wildes Geflatter, denn bei ihren Schwirrflügen bringen es Kolibris auf 40 bis 50 Flügelschläge – pro Sekunde, wohlgemerkt. Interessante Stationen sind außerdem das Vogelhaus (Aviario) mit seinen Papageien und Tukanen sowie das Schmetterlingshaus (Mariposario), in dem man regelrecht aufpassen muss, nicht auf Schmetterlinge zu treten. Darüber hinaus gibt es ein Affen- und ein Schlangenhaus. Eher verzichtbar ist dagegen das Areal mit Raubtierkäfigen, das einem üblichen Zoo gleicht.

Rundum durchorganisiert

Wer es auf den Wegen bis zum untersten Wasserfall geschafft hat, der Catarata La Paz, braucht nicht den schweißtreibenden Weg bergauf zurückzumarschieren. Im Eintrittspreis enthalten sind Fahrten mit einem Bus, der regelmäßig zwischen Wasserfall und Hauptempfangsgebäude pendelt. Auch für das leibliche Wohl der Besucher ist gesorgt. Es gibt eine Bar am unteren Ausgang beim Wasserfall La Paz sowie mehrere Restaurants, darunter das zentrale, auf Mittagsbüfetts mit nationalen Gerichten spezialisierte Restaurante Colibríes. Es empfiehlt sich, mindestens zwei Stunden für den Besuch einzuplanen. Je nach Zeit und Interesse kann man ihn mit einem Ausflug zum Vulkan Poás kombinieren, der in nicht weit entfernt liegt..

EXQUISITE PEACE LODGE

Wer mag, kann gleich in den La Paz Waterfall Gardens bleiben und sich in der Peace Lodge einmieten, die sich in etwas Abstand zum Hauptempfangsgebäude anschließt. Hier findet man ein komfortables Dach über dem Kopf. Kunstwerke, Holz- und Steinelemente harmonieren detailverliebt. Das Grün der Natur vor der Haustür komplettiert die schönen Eindrücke. Die Peace Lodge hat den Charakter eines Boutiquehotels. Alles ist elegant und geschmackvoll eingerichtet. Jedes Zimmer verfügt über einen Whirlpool, einen Kamin, einen Balkon beziehungsweise eine kleine Terrasse sowie eine Dusche, bei der sich im Handumdrehen auf »Wasserfall«-Modus stellen lässt. Gäste genießen das Privileg, vor oder nach den offiziellen Öffnungszeiten durch das Gelände der La Paz Waterfall Gardens schlendern zu dürfen.

WEITERE INFORMATIONEN

La Paz Waterfall Gardens & The Peace Lodge, Vara Blanca, tägl. 8 bis 17 Uhr, keine Reservierungen erforderlich, www.waterfallgardens.com

Wer sich zum Rafting auf dem Río Pacuare einfindet (oben), hat Lust auf abenteuerliche Entdeckungen. Um durch die Stromschnellen zu gelangen, muss jeder an Bord mitpaddeln (rechte Seite unten).

13 Rafting-Dorado – Río Pacuare

Ein echter Adrenalinkick

Hoher Spaßfaktor, ein Hauch von Abenteuer, ein echter Kick und traumhafte Natur – beim Rafting kommt alles zusammen. Wer in der Gruppe in einem Schlauchboot auf dem wilden Flusswasser reitet, muss kräftig mitpaddeln. Teamarbeit ist gefragt, um es durch die Stromschnellen zu schaffen. Der Río Pacuare im Osten Costa Ricas garantiert eine spannende Herausforderung.

Outdoor-Magazine stellen den Río Pacuare in die Spitzengruppe von Rafting-Zielen in Lateinamerika. Es ist ein relativ kurzer Fluss, der es dafür in sich hat. Er entspringt auf einer Höhe von etwa 3000 Metern in der Cordillera de Talamanca und bahnt sich seinen Weg in Richtung Karibik, vorbei an Orten wie Bajo Pacuare und Cabeza de Buey. Unterwegs nimmt er kleinere Zuflüsse auf. Nahe Siquirres wird der Pacuare von der Landstraße 32 überspannt, die von San José nach Limón an die Karibikküste verläuft. Nach knapp 135 Kilometern ist die Reise des Río Pacuare vorbei. Das Mündungsgebiet liegt zwischen der Playa Pacuare Norte und der Playa Pacuare Sur.

Reizvoller Perspektivwechsel

Rafting auf dem Pacuare bietet ideale Gelegenheit, die herrliche Natur Costa Ricas aus anderer Warte zu erleben. Unterwegs fühlt man sich der Zivilisation weit entrückt. Sachte Passagen wechseln sich mit wilden Stromschnellen ab. Da Rafting ein Freizeitsport ohne Netz und doppelten Boden ist, kommt der Sicherheit höchste Bedeutung zu. Schutzhelm und Schwimmweste sind ebenso selbstverständlich wie eine fachgerechte Einführung, bevor es losgeht. Unter Anleitung des Guides muss jeder an Bord nach Kräften mitpaddeln, damit man es in den steilen, schäumenden Passagen durch die Felsen schafft. Da ist Teamgeist gefordert. Was nicht ausbleibt, ist die Abkühlung von Kopf bis Fuß. Für den Fall, dass man über Bord geht, sollte man sich unbedingt an die Sicherheitsanweisungen halten. Oberstes Gebot: typische Treibstellung einnehmen. Also ruhig auf den Rücken legen, mit Blick voraus treiben lassen und Füße an der Wasseroberfläche halten, um versteckten Felsen aus dem Weg zu gehen. An geeigneter Stelle wird der Guide einen aus dem Wasser fischen. Bei einem extrem seltenen kompletten Überschlag des Schlauchbootes darf man nie unter dem umgekippten Boot bleiben.

Sonnenschutz – gewusst wie

Ein klassischer Tagestrip auf dem Río Pacuare nimmt gewöhnlich sechs bis sieben Stunden in Anspruch, einschließlich der organisierten An- und Abfahrt und Verpflegungspause. Wie lange die Fahrt selbst dauert, hängt letztlich vom Wasserstand ab und wie schnell das Schlauchboot durch die Fluten rauschen kann. Rafting ist prinzipiell während des ganzen Jahres möglich, doch in der Regenzeit zwischen Mai und November wesentlich spektakulärer.

Für das Outfit sind Badebekleidung oder Shorts unerlässlich, zudem empfehlen sich Badeschuhe oder Sandalen mit Klettverschluss oder Riemen, auf keinen Fall sollte man Flip-Flops tragen. Ein T-Shirt aus Baumwolle unter der Rettungsweste anzuziehen, ist wenig sinnvoll: Es trocknet nicht in der Kürze der Zeit und lässt einen auf Dauer auskühlen. Seine Brille oder Sonnenbrille sollte man unbedingt mit einer Schnur um den Hals befestigen. Angesichts der mitunter starken Sonneneinstrahlung ist Sonnencreme mehr oder minder Pflicht, allerdings nicht an allen Stellen. Auszusparen sind Stirn und hintere Beinpartien, was seine Gründe hat. Mit Wasser vermischte Sonnencreme kann von der Stirn in die Augen laufen, eine unwillkommene Ablenkung in den Stromschnellen, wo es auf jeden Augenblick ankommt. Und da man paddelnd auf dem glitschigen Rand des Bootes sitzt, würde man noch mehr rutschen, wenn man auf der Rückseite der Beine Sonnencreme auftrüge. Inwieweit sich eine wasserdichte Actionkamera einsetzen lässt, um das Abenteuer im Bild festzuhalten, sollte man vorher mit dem Veranstalter absprechen.

TICO'S RIVER ADVENTURES

Tico's River Adventures in Turrialba ist ein erfahrener und bewährter Veranstalter für Rafting-Touren – einen Vorgeschmack auf das Abenteuer im Wildwasser bieten die auf der Website veröffentlichen Fotos früherer Trips. Nach eigener Aussage des Familienbetriebs werden in puncto Sicherheit und Material ebenso die höchsten Qualitätsansprüche gestellt wie bei der Auswahl der Guides. Zweisprachigkeit in Englisch und Spanisch zählt zu den Grundvoraussetzungen – schließlich gilt es, vielerlei zu erklären. Außer dem klassischen Tagesausflug auf dem Río Pacuare bietet Tico's River Adventures eine zweitägige Raftingtour, die die über eine längere Strecke und durch Stromschnellen führt, sowie Rafting-Abenteuer auf dem Río Pejibaye.

WEITERE INFORMATIONEN

Tico's River Adventures, Turrialba,
Tel. 506-255 612 31, www.ticoriver.com

Unverkennbarer Anhaltspunkt in der Gegend ist der Vulkan Turrialba (oben). Die Ruinen von Guyabo breiten sich im Grün aus, charakteristisch sind die so genannten »Montículos« (rechts).

14 Archäologisches Monument – Guayabo

Auf den Spuren einer uralten Kultur

Es gibt nichts daran zu rütteln, dass für Costa Ricas Besucher Natur und Ökologie, Strand, Sport und Abenteuer die erste Geige spielen. Die Zeugnisse alter Kultur rücken dabei eher in den Hintergrund. Eine Ausnahme ist das Monumento Nacional Guayabo. Die archäologisch bedeutendste Stätte des Landes liegt etwa 20 Kilometer nordwestlich von Turrialba in der Nähe des Vulkans Turrialba.

Costa Rica hat keine eindrucksvollen Monumente zu bieten, wie sie beispielsweise die Inka in Peru oder die Maya in Mexiko hinterlassen haben. In Guayabo entdeckt man keine präkolumbische Architektur, die mit Bergfestungen oder Pyramiden Maßstäbe gesetzt hat, in dieser Hinsicht muss man seine Erwartungshaltung möglicherweise ein wenig zurückschrauben. Dennoch lohnt der Besucht des Monumento Nacional Guayabo. Schließlich dokumentieren die dortigen Relikte einen wichtigen Meilenstein in der Geschichte des Landes. Und wem dies nicht reicht: Manche Besucher schwören, in Guayabo besondere Energiefelder zu spüren.

2400 Jahre Siedlungsgeschichte

Guayabos Geschichte spannt sich über eine 2400 Jahre lange Epoche: Das Areal war von etwa 1000 v. Chr. bis 1400 n. Chr. besiedelt, wobei der Höhepunkt der Kultur um 800 n. Chr. angenommen wird. Die heutige archäologische Stätte erstreckt sich über eine Fläche von etwa 20 Hektar, wobei bislang nur ein Teil der alten Stadt ausgegraben und erschlossen worden ist.

Wer die Stätte entdecken möchte, schließt sich am besten einer der Führungen an, die am Besucherzentrum beginnen und rund anderthalb Stunden dauern. Auf dem Gelände, dessen Wege nicht verlassen werden dürfen, sieht

Würde man die Wege im archäologischen Areal Guayabo nicht immer wieder freischlagen, wären sie bald wieder überwuchert (unten). Steinarbeiten zeugen von der Kunstfertigkeit alter Meister (ganz unten).

man Treppen (*escalinatas*) und mit Steinen gepflasterte Straßen oder *calzadas*, die insgesamt mehrere Kilometer lang sind, Überreste von Kanälen (*acueductos*) und Wasserdepots (*tanques de almacenamiento*) sowie Gräber (*tumbas*) von Menschen aus verschiedenen sozialen Schichten sowie Petroglyphen und Steinfiguren. Eine Besonderheit sind die *montículos*: Auf diesen runden Steinfundamenten, die teils einen Durchmesser von 30 Metern aufweisen, standen einst runde Häuser, die aus einem längst verschwundenen pflanzlichen Material gebaut worden waren. Zwischen den Schluchten Lajitas und La Chanchera wurden Reste von einigen Dutzend dieser Rundbauten entdeckt, in denen zwischen 20 und 50 Personen wohnten. Während ihrer Blütezeit könnten in der Stadt und den umliegenden Gemeinschaften insgesamt viele Tausend Menschen gelebt haben.

Für den Bau der Stadt mussten Massen von Steinen transportiert werden – eine für die damalige Zeit logistische und technische Meisterleistung. Gleiches gilt für den Bau der offenen und geschlossenen Kanäle, durch die das Wasser geleitet wurde, sowie für die präzise angelegten Straßen und Treppen. So nimmt es nicht Wunder, dass Guayabo für die American Society of Civil Engineers ein herausragendes Beispiel antiker Bauingenieurkunst darstellt. Auch auf künstlerischem Gebiet taten sich die Menschen Guayabos hervor. In dem Gebiet wurde viele Steinmetzarbeiten gefunden, besonders schön ist die Darstellung von einem Jaguar und einem Kaiman, die mutmaßlich um 1000 n. Chr. entstanden ist. Viele der Fundstücke, darunter auch Goldarbeiten und Keramiken, sind heute im Nationalmuseum in San José zu bewundern.

Politisches und kultisches Zentrum

Guayabo fungierte als politisches und kultisches Zentrum für einen weiten Einzugsbereich, der Costa Ricas Zentraltal und die Karibikküste einbezog. Forscher vermuten, dass seine Beziehungen bis nach Guatemala und Mexiko reichten und fernerhin bis nach Südamerika ins heutige Kolumbien, Venezuela und vielleicht sogar nach Peru. Die Wirtschaft beruhte vornehmlich auf der Landwirtschaft, der Jagd und dem Fischfang. Weshalb sich gerade in dieser Region das Zentrum einer komplexen Kultur entwickelte und warum die Siedlung lange vor dem Einfall der Spanier verlassen wurde, verliert sich im Dunkel der Geschichte.

Krankheiten, Kriege oder interne Konflikte könnten die Gründe für das Ende der Guayabo-Kultur gewesen sein. Darüber darf die Wissenschaft in Zukunft weiter rätseln. Die Wiederentdeckung und Bedeutung Guayabos wurde ab 1886 bekannt, als der costa-ricanische Forscher Anastasio Alfaro erstmals darüber berichtete. Nach langen Zeiten der Vernachlässigung und Grabräubereien kam es seitens der Behörden erst ab Mitte der 1960er-Jahre zu verstärkten Anstrengungen und Schutzmaßnahmen. Dem Archäologen Carlos Aguilar Piedra (1917–2008), Professor an der Universität von Costa Rica, ist es zu verdanken, dass Guayabo 1973 zum Monumento Nacional erklärt wurde.

Immergrüne Wälder

Der Reiz des Monumento Nacional Guayabo liegt im Zusammenspiel der antiken Stätten mit der Landschaft des Schutzgebiets, das insgesamt 233 Hektar umfasst und zwischen 990 und 1300 Meter hoch gelegen ist. In den hiesigen immergrünen Wäldern herrscht eine Jahresdurchschnittstemperatur von 24 Grad Celsius. Regenfälle sorgen dafür, dass alles grünt und blüht, darunter Magnolien, Bromelien, Orchideen, Ficus- und Burio-blanco-Bäume.

Die Fauna nimmt sich im Vergleich zu anderen Landesgegenden bescheiden aus, doch auch hier kommen Tukane, Gürteltiere, Faultiere, Nasenbären, Spechte, Gilbdrosseln, Eidechsen, Frösche, der Cayenne-Kuckuck, der Braunflügelguan und der zu den Mardern zählende Tayra vor. Aufsehenerregender als die Montezumastirnvögel selbst, die auf Spanisch Oropéndolas heißen, sind ihre kürbisförmigen hängenden Nester. Für Zweibeiner ist bei Rundgängen während der Regenzeit entsprechender Schutz unerlässlich.

Brandgefährlich: der Vulkan Turrialba

Richten sich die Blicke weiter ins Umland des Monumento Nacional Guayabo hinaus, rückt zwangsläufig der nahe Volcán Turrialba in den Fokus. Erhaben und gebieterisch wirkt sein Anblick. Trotz unterschiedlicher Höhenangaben, die zwischen 3325 und 3340 Metern schwanken, steht fest, dass der Turrialba nach dem Irazú der größte Vulkan im Land ist – und einer der aktivsten und brandgefährlichsten. Seit 2015 spuckt er wieder Steine und setzt bei Eruptionen kilometerhohe Aschewolken frei. Und wenn er wieder einmal besonders heftig rumort, müssen am internationalen Airport von San José vorsorglich Flüge annulliert werden.

GUAYABO LODGE

Die Guayabo Lodge ist südlich des Vulkans Turrialba in der Gemeinde Santa Cruz de Turrialba mitten im Grünen auf einer Höhe von rund 1500 Metern gelegen. Hier braucht man weder Klimaanlage noch Ventilatoren, vielmehr genießen die Gäste die frische Bergluft, den herrlichen Blick und die umliegende Natur. Service ist in dem Familienbetrieb keine Floskel, sondern wird besonders großgeschrieben. Hier organisiert man den Gästen nicht nur gerne Ausflüge zu den umliegenden Sehenswürdigkeiten, sondern bietet auch einen beliebten tropischen Kochkurs an. Auf der Website findet man die Anfahrt zur Lodge auch auf Deutsch beschrieben.

WEITERE INFORMATIONEN

Guayabo Lodge, Santa Cruz de Turrialba, Tel. 506-253 884 00, www.guayabolodge.co.cr
Nationales Naturschutznetz von Costa Rica, www.sinac.go.cr

Der Norden

Rund um den magischen Arenal

Ein Berg, der einfach in seinen Bann zieht: der Vulkan Arenal (links). Doch auch Flora und Fauna sind in diesem Landesteil faszinierend, ob am Río Sarapiquí (oben) oder im Naturpark Caño Negro (unten).

Auf Entdeckungstouren am Río Sarapiquí findet man Stille im Wald (oben) und aufregende Hängebrücken über dem Fluss (rechte Seite unten).

15 Mitreißend – der Río Sarapiquí

Wilder Fluss in herrlicher Natur

Der Río Sarapiquí ist beispielhaft für die vielen schönen Flüsse, die Costa Rica zu bieten hat. Und so mitreißend wie sein wildes Wasser, so hinreißend ist die Natur in den grünen Uferzonen des rauen kleinen Stroms. Wer die reiche Tier- und Pflanzenwelt am Río Sarapiquí intensiv erkunden möchte, quartiert sich am besten in einer flussnahen Lodge ein.

Der Río Sarapiquí ist so etwas wie ein Verbindungsglied zwischen den Ausläufern des Hochlands und dem hohen Norden mit der karibischen Tiefebene. Das Quellgebiet des Flusses liegt in der vulkanischen Zentralkordillere. Ab dort bahnt er sich in weiten Schleifen seinen Weg nordwärts, passiert den Ort Puerto Viejo de Sarapiquí und fließt an der Grenze zu Nicaragua in den Río San Juan, der seinerseits in die Karibik mündet. Ein Nebenfluss des Sarapiquí ist der »Schmutzige Fluss« Río Sucio, der seinen Namen seiner trüben Färbung verdankt. Jenseits der direkten Ufergebiete um den Río Sarapiquí liegen riesige Ananasfelder – für europäische Reisende ein höchst exotischer Anblick.

Vielfältige Fauna

Abends, in den Zimmern einer Unterkunft wie der Selva Verde Lodge, durchdringt das nimmermüde Rauschen des Río Sarapiquí die Stille und wiegt Gäste zusammen mit dem Ziepen und Zirpen von Insekten und Fröschen in den Schlaf. Eine wunderbare Geräuschkulisse. Zumindest so lange, bis irgendwann die Brüllaffen beginnen, zu ihren durchdringenden Konzerten anzusetzen …

Bei Tageslicht tritt man aus Regenwäldern und Dickichten an den Flusssaum heran, blickt zu mächtigen Baumriesen auf. Sandbänke und glatt gewaschene Felsen säumen den Lauf des Sarapiquí. Überall gilt es, die Augen offenzuhalten, denn das Gebiet ist dicht bevölkert.

Unter anderem leben hier Faultiere, Waschbären, Glasfrösche, nachtaktive Rotaugenlaubfrösche, Tropische Riesenameisen, Blaue Morphofalter, Stirnlappenbasiliske, Tukane, Kolibris, Fledermäuse, Reiher und viele weitere Tierarten.

Mekka der Vogelliebhaber

Unter Birdwatchern genießt die Region Sarapiquí einen ganz besonderen Ruf. Laut Angaben der hiesigen Gavilán Lodge Río Sarapiquí kommen allein rund um die Unterkunft in einem Radius von einem Kilometer stolze 200 Vogelarten vor, für die der nordamerikanische Ornithologe Dan Keller eine entsprechende Aufstellung angelegt hat. Darin finden sich unter anderem der Schmätzerwaldsänger, der Tigerzaunkönig, die Rußgesichttangare, die Mangrovenschwalbe, der Schwarzkehl-Zaunkönig und die Panama-Ammer. Leicht an ihrem orange leuchtenden Schnabel ist die Goldschnabel-Ruderammer identifizierbar, während der Grünibis, ein Schreitvogel, am grün-metallischen Schimmer seines Federkleids und Schnabels zu erkennen ist. Leicht mit einem Kolibri zu verwechseln ist der Rotschwanz-Glanzvogel, dessen spitzer, dünner Schnabel im Verhältnis zur Körpergröße außergewöhnlich lang ist.

Auf Nachtwanderung

Ab der Gavilán Lodge Río Sarapiquí werden auf Anfrage Bootsausflüge auf dem Sarapiquí bis zum Río San Juan und sogar weiter bis dessen Mündung in die Karbik arrangiert. Wer sich in der Selva Verde Lodge einquartiert, hat den Vorteil, dass dort eine lange Hängebrücke den Río Sarapiquí überspannt. Nachdem man den Fluss über die schwankende Brücke gequert hat, geht es auf der anderen Seite in Begleitung eines Guides auf der anderen Flussseite richtig in den Regenwald hinein. Besonders spannend sind dabei die *Night Hikes* nach Einbruch der Dunkelheit. Für die Nachtwanderungen werden auf Wunsch Lampen und Gummistiefel gestellt. Ob Bäume, Sträucher oder der Boden – überall kann es zu überraschenden Begegnungen kommen. »Jeder Tag, jede Nacht ist anders«, sagt Iván, einer der Naturführer, und ermahnt die Besucher daran zu denken, dass beim Fotografieren von Tieren nicht geblitzt werden darf.

SELVA VERDE LODGE & RAINFOREST RESERVE

Der Haupteingang zur Selva Verde Lodge & Rainforest Reserve liegt an der Straße westlich von Puerto Viejo de Sarapiquí. Auf dem Gelände bilden Holzstege auf Stelzen das Wegenetz. Da sie alle überdacht sind, gelangt man auch bei Regen trockenen Fußes zu den verschiedenen Zimmereinheiten und zum Restaurantkomplex. Ungeschützt hingegen ist eine etwa 150 Meter lange Hängebrücke, die über den Fluss zum Regenwald führt. In der Anlage stehen diverse Aktivitäten auf dem Plan. Abends oder tagsüber kann man an der Seite eines Guides auf zweistündigen Wanderungen das Gelände erkunden. Geboten wird auch ein frühmorgendlicher Spaziergang für Birdwatcher sowie eine Tour auf dem Almendro Trail. Höhepunkt dieser Wanderung sind Bäume, die bereits einige Jahrhunderte auf dem Buckel haben. Zwischen Mitte Dezember und Ende April sowie im Juni/Juli herrscht Hochsaison und damit Hauptbetrieb in der Lodge.

WEITERE INFORMATIONEN

Selva Verde Lodge & Rainforest Reserve,
Tel. 506-276 118 00,
www.selvaverde.com
Gavilán Lodge Río Sarapiquí,
www.gavilanlodge.com

In Muelle sind Leguane eine besonders leichte Fotobeute.

16 Unter Leguanen – Muelle

Wildlife der besonderen Art

In der kleinen Ortschaft Muelle zeigt sich Costa Ricas wilde Tierwelt von ihrer besonders urtümlichen Seite. Und zwar völlig unerwartet. Und massenweise. Überall tummeln sich hier Leguane. Die Reptilien können hier sogar den Verkehr beinahe zum Erliegen bringen.

Wer vom 25 Kilometer südöstlich gelegenen Aguas Zarcas auf Muelle zufährt, sieht typisches Landleben: Buckelrinder grasen auf Weiden. Der Wind streicht durch Zuckerrohrfelder. Kleine Flussläufe durchschneiden die Landschaft. An strategisch günstigen Punkten, wie Kreuzungen oder künstlichen Bodenwellen, warten Verkäufer auf Kundschaft, ob mit frisch durchgedrehtem Zuckerrohrsaft oder Litschis. Im Hintergrund zeichnet sich der Vulkan Arenal ab, der oft die Wolken anzieht. In Muelle selbst fällt einem zunächst nichts Besonderes auf. Doch das ändert sich auf der Höhe des Restaurante Las Iguanas …

Zurück in die Urzeit

Um Missverständnissen vorzubeugen: Der Name des Restaurante Las Iguanas, des »Leguan-Restaurants«, soll keinesfalls auf eine hauseigene Leguan-Spezialität Appetit machen, im Gegenteil. Quicklebendig sind plötzlich überall nahe dem Restaurant Schuppenkriechtiere zugegen. An der Seite der Straße, im Grün beim Flüsschen und bei der Brücke Manche Leguane spazieren gar in erhabener Pose über den Asphalt und nötigen Auto- und Truckfahrer zu Bremsmanövern. Hier in Muelle zeigen die urzeitlich wirkenden Damen und Herren, wer Chef im Ring ist. Natürlich sind sie begehrte Fotomotive von Touristen, zeigen sich keineswegs scheu und lassen die »Paparazzi« nah an sich heran. Bei manchen Tieren hat man den Eindruck, als würden sie sich für Bilder regelrecht in Pose stellen.

Restaurante Las Iguanas auf www.facebook.com

Staunen auf Stegen im Wald im Cinco Ceibas Rainforest Reserve.

17 Im Regenwald – Cinco Ceibas Rainforest Reserve

Kajaktrip und Boardwalk Tour

Das private Cinco Ceibas Rainforest Reserve verbindet auf erfolgreiche Weise Tourismus und Umweltschutz. Beeindruckende Erlebnisse auch für Tagesbesucher bieten Kajaktrips und Spaziergänge auf hölzernen Boardwalks durch den dichten Regenwald.

Vor dem Aufbruch zur Kajaktour hebt der Guide die Erwartungshaltung: »Unterwegs könnt ihr mit etwas Glück Krokodile sehen!« Doch die Natur ist zum Glück nicht programmierbar. Selbst wer auf der kilometerlangen Fahrt flussabwärts auf dem Río Cuarto an diesem Tag kein spektakuläres Reptil zu Gesicht bekommt, da die Krokodile auf Tauchstation gegangen sind, wird sich über mangelnde Eindrücke nicht beklagen können. Der einsame Flussstrang zieht sich in zahlreichen Schleifen durch den Regenwald, teils durch Pflanzentunnel, teils durchsetzt von kleinen Stromschnellen. Lianen reichen bis in das Flüsschen hinein. Die Spiegelbilder verschlungener Luftwurzeln verschwimmen im Wasser. Treibgut hat sich zu winzigen Hügeln aufgeschichtet. Automatisch stellt man auf den »Off«-Modus des Lebens, im Einklang mit einer unverbrauchten Natur. Vögel flattern auf. Bäume sind mit Epiphyten übersät. Wenn die hängenden Pflanzen zu nahekommen, gilt es, den Kopf einzuziehen. Und irgendwo in der Ferne geben Brüllaffen ein markerschütterndes Konzert.

Immer die Augen offenhalten

Das Cinco Ceibas Rainforest Reserve setzt auf nachhaltigen Tourismus und bietet Besuchern diverse Aktivitäten an. Dazu zählen neben dem Kajaktrip auf dem Río Cuarto unterhaltsame Ausritte und eine »Boardwalk Tour«. Auf dem Holzweg – aber auf einem guten – geht es zu Fuß unter Baumriesen durch den Urwald. Wer unterwegs stets die Augen offenhält, entdeckt Papageien, Tukane und teils winzigste Frösche. www.cincoceibas.com

Müsste man Costa Ricas typischstes Fotomotiv auswählen, es wäre der Vulkan Arenal (oben). Ein Naturerlebnis garantiert auch eine Wanderung zum Wasserfall La Fortuna (rechts).

18 Der dampfende Riese – Vulkan Arenal

Der schönste Kegel Costa Ricas

Erhaben und majestätisch ragt der makellose Kegel im Norden Costa Ricas auf: der Volcán Arenal, 1633 Meter hoch und dank seiner perfekten Form eines der fotogensten »Supermodels« unter den Vulkanen des Landes. Traumhafte Fotos von dem Vulkanriesen sind garantiert – vorausgesetzt natürlich, dass er sich wolkenfrei zeigt. Doch dafür gibt es leider keine Garantie. Wird er dann plötzlich – und nicht mehr für möglich gehalten – von den Wolken freigegeben, wirkt der Eindruck umso tiefer.

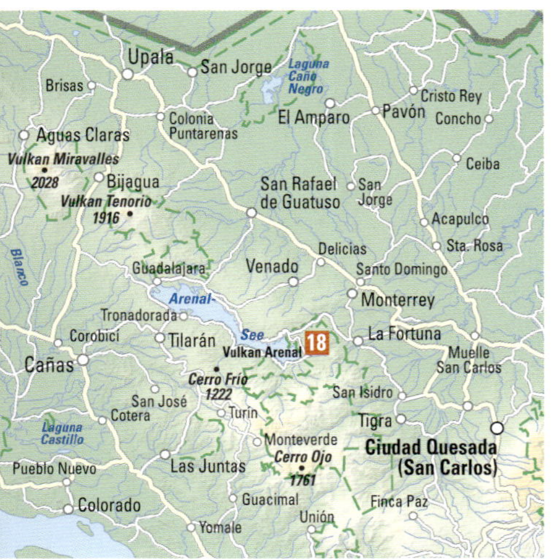

Derzeit schläft der Arenal. Ob es Jahre, Jahrzehnte oder Jahrhunderte sein werden? Prognosen wagen selbst Vulkanforscher nicht. Fest steht, dass sich der Arenal von einem der aktivsten Vulkane Costa Ricas zu einem schlummernden entwickelt hat. So zumindest lautete der Stand bei Redaktionsschluss. Gelegentlich aufsteigende Rauchsäulen legen allerdings nahe, dass der Arenal einen äußerst unruhigen Schlaf hat …

Fotogene Werbeikone

Der Arenal dominiert einen Teil des costa-ricanischen Nordens und ist eines der berühmtesten Aushängeschilder des Landes – und schon die Anfahrt ist ein Erlebnis. Ist man von San José aus aufgebrochen, wartet man voller Spannung darauf, dass er irgendwann in der Ferne auftaucht. Von der Hauptstadt führt der Weg über Naranjo, Zarcero und Ciudad Quesada, begleiten einen Hibiskussträucher, Zuckerrohrfelder, Brotfruchtbäume und Riesenbambus. Friedlich grasen Buckelrinder auf Weiden. Für die Fruchtbarkeit in jenem Teil Costa Ricas stehen überdies Ananasfelder, Papaya- und Bananenplantagen, in denen auch hier die allgegenwärtigen blauen Plastiküberzüge die Bananenstauden schützen.

Wanderer auf dem Weg zum Wasserfall La Fortuna (unten), die unterwegs einen Blick auf das muntere Flüsschen werfen können (ganz unten). Der Fernblick von der Terrasse des in La Fortuna gelegenen Hotels Las Colinas fällt unweigerlich auf den Vulkan Arenal (rechts oben).

Nationalpark Arenal

Wenn man schließlich auf La Fortuna, das ihm am nächsten gelegene Städtchen zufährt, zeigt er eine erste eindrucksvollste Perspektive Richtung Süden beziehungsweise Südosten. La Fortuna bedeutet »das Glück« – und das muss man haben, will man den Arenal mit seiner grünen, bewaldeten Bergseite von dem Städtchen aus oder aber mit seinen lavastromüberzogenen Flanken von der Seite des Arenal-Sees aus wolkenfrei sehen. Der Gipfel ist ein wahrer Wolkenmagnet. Ihn in ungetrübter Traumansicht zu erleben, kann zur Geduldsprobe ausarten. Die Landschaft des Vulkans schützt seit 1991 der Parque Nacional Volcán Arenal. Wer sie aus der Nähe entdecken möchte, kann sie auf verschiedenen Wegen erkunden, unter anderem auf dem gut 600 Meter langen Sendero Heliconias, dem 1,7 Kilometer langen Sendero Coladas und dem 2,3 Kilometer langen Sendero El Ceibo.

Das verhängnisvolle Jahr 1968

Der kleinere, längst nicht so imposant geformte Nachbar des Arenal ist der Volcán Cerro Chato, der hoch oben in seinem Krater einen See birgt und als inaktiv gilt. Seine letzte Eruption ereignete sich vor etwa 3500 Jahren. Dagegen verbreitete der Volcán Arenal bis ins Jahr 2010 hinein chronische Unruhe. Bis dahin spuckte er immer wieder Lava und glutrote Feuerbälle, die nachts besonders gut von der Arenal Observatory Lodge aus zu sehen waren und an den Flanken abwärtsrollten. Und dazu die Geräuschkulisse! Ein gnadenloses Donnern und Beben und Poltern, mit dem der Arenal auf seine Weise grüßte.

Inwieweit dem heutigen Frieden des Arenal zu trauen ist, steht in den Sternen. Nimmt man den Juli 1968 als Maßstab, kann der Vulkan jederzeit aufs Neue ausbrechen. Damals riss er bei seinem plötzlichen, verhängnisvollen Ausbruch über 80 Menschen in den Tod. Zur Nordseite hin sind die erstarrten Lavaströme stille Zeugnisse der Naturgewalten. Dies sieht man von der Landstraße aus, die auf den Arenal-See zuleitet. Erst diese Anblicke komplettieren die Panoramen von der La-Fortuna-Seite aus.

Geschäftiges La Fortuna

Dreh- und Angelpunkt des Gebiets ist das Städtchen La Fortuna, dessen Name in voller Länge La Fortuna de San Carlos lautet. Es liegt nur 250 Meter über dem Meeresspiegel und

lässt den nahen Vulkan Arenal deshalb umso majestätischer wirken. Hier herrschen das ganze Jahr über warme Temperaturen, die im Schnitt zwischen 23 und 32 Grad Celsius pendeln. Eine nennenswerte historische Substanz bietet La Fortuna nicht, da erst ab 1914/15 dichter besiedelt wurde.

Gigantische Kabelsalate zieren La Fortunas geschäftigen Straßen. Hier herrscht überall große Betriebsamkeit, ob im Schönheitssalon, im Massagestudio oder in der Handy-Reparaturwerkstatt. Tourveranstalter bieten ihre Dienste an, organisieren Wanderausflüge, Abenteuersport und Ausritte in der weiteren Umgebung. In der Hochsaison fallen Besucher in Massen in La Fortuna ein; auf ihre Bedürfnisse hat man sich in der Stadt schon längst eingestellt, unter anderem mit riesigen Souvenirläden und einem Großaufgebot an Werbetafeln.

Das Herzstück des Städtchens ist ein Park mit Blumenbeeten, gepflegten Rasenflächen, Kugellaternen und der Pfarrkirche San Juan Bosco. Ein lohnendes Fotomotiv gibt der hoch aufragende Kirchturm vor dem Vulkan Arenal im Hintergrund ab. Im Innern des Gotteshauses fällt das Licht durch moderne Buntglasfenster. Oft steht außer der Haupt- auch die Seitentür auf. Hier, aber auch draußen in den Gartenanlagen, lohnt es sich innezuhalten und die Stimmung in sich aufzunehmen. Bei Sonnenschein suchen die Einheimischen gern im Grün ein schattiges Plätzchen. Die gepflegte Grünanlage ist gewissermaßen das kleine Naherholungsgebiet vor der eigenen Haustür. Es gibt Wiesenflächen und Blumenbeete.

Wer sich nicht für eines der Thermalhotels entscheidet, nordwestlich von La Fortuna an der Straße Richtung Arenal-See, findet in La Fortuna diverse Quartiere zur Auswahl. Und natürlich Restaurants und Cafés.

Wasserfall Catarata La Fortuna

Ein beliebtes Ausflugsziel ab La Fortuna ist der Wasserfall Catarata La Fortuna, der vom Río Fortuna und dessen Zuflüssen gespeist wird. Das Areal ist als Reserva Ecológica Catarata Río Fortuna ausgewiesen, wobei der Besuch dieses Naturschutzgebiets Eintritt kostet. Nahe dem Parkplatz geht es mit dem Empfangsgebäude los.

Ein Aussichtspunkt erlaubt den Blick zum Wasserfall, zu dem schließlich einige Hundert Stufen hinabführen. Nicht vergessen sollte man bequeme Schuhe und Badesachen, und für Hobby-Ornithologen empfiehlt sich ein Fernglas oder leistungsstarkes Teleobjektiv.

HOTEL LAS COLINAS

Das Hotel Las Colinas steht im geschäftigen Zentrum von La Fortuna unweit der Kirche und der Parkanlage. Es wurde vor über 20 Jahren eröffnet und entspricht nach internationalem Standard in etwa einem Zwei-Sterne-Haus. Das Hotel wird familiär geführt, die Zimmer sind sauber und ordentlich. Wer sich ganz oben einquartiert, hört bei Regen das laute Prasseln auf dem Dach. Ein hübscher Ort zum Abschalten ist der mit Grünpflanzen ausgestattete Innenhof. Der Höhepunkt erwartet die Gäste jedoch im ersten Stock: die Gemeinschaftsterrasse mit Freiblick auf den – nicht immer wolkenfreien – Vulkan Arenal.

Hotel Las Colinas, Tel. 506-247 993 05, http://lascolinasarenal.com

WEITERE INFORMATIONEN

Arenal Observatory Lodge, www.arenalobservatorylodge.com; Wasserfall La Fortuna, www.cataratalafortuna.com; Nationales Naturschutznetz von Costa Rica, www.sinac.go.cr

Immer wieder beeindruckend ist die Aussicht in der Ortsmitte von La Fortuna auf den Vulkan Arenal.

In der Auffangstation von Proyecto Asis können Affen, Krokodile und andere Tiere wieder zu Kräften kommen (rechte Seite unten und oben). Einer der Helfer des ambitionierten Hilfsprojektes ist Álvaro del Castillo Vega (oben).

19 Ein Herz für Tiere – Hilfsprojekt Asis

Eine exemplarische Nische

Reisen durch Costa Rica lehrt, dass bei Modebegriffen wie »öko« und »nachhaltig« nicht überall das drinsteckt, was offiziell draufsteht. Dies gilt jedoch nicht für das Hilfsprojekt Asis. In der gut 25 Kilometer südöstlich von La Fortuna bei Javillos gelegenen Tierstation steht nicht der Profitgedanke, sondern der Idealismus im Zentrum des Handelns.

Das Proyecto Asis ist ein Auffangzentrum für Wildtiere. Spenden und die Eintrittsgelder von Besuchern helfen, den Fortbestand der Institution zu sichern, der von den Behörden Costa Ricas kein einziger Colón zufließt.

Rettung vor Tierquälerei

Aufnahme im Proyecto Asis finden die verschiedensten Tierarten, von Affenwaisen bis zu angefahrenen oder verwundeten Leguanen. Den Löwenanteil machen Primaten und Vögel aus, die vormals illegal als Haustiere gehalten wurden. »80 Prozent unserer Tiere haben bei Menschen gelebt«, sagt Führer Carlos. Er kennt die Leidensgeschichte jedes einzelnen Tieres und gibt sie bei Rundgängen ungeschminkt weiter. So wie jene von dem kleinen Stachelschwein, das einer Familie als Haustier diente. Ähnlich verhielt es sich mit einigen Affen. Dann erzählt er von Tukanen und Papageien, die vormals in Häusern als beschämende Lebenddekorationen vegetierten. Die Besitzer brachen ihnen die Flügel oder rupften ihnen die Federn aus, um sie flugunfähig zu machen. In seltenen Glücksfällen – für die Tiere – würden die illegalen Halter von Nachbarn angeschwärzt, so Carlos, doch oft bekomme man die Haltung in erbarmungswürdigen Verhältnissen gar nicht mit. Die Dunkelziffer dürfte kaum auszudenken sein. Andere Vögel sind als illegale Handelsobjekte konfisziert worden. »Richtig bunte Papageien können durchaus 5000 oder sogar 7000 Dollar einbringen«, erzählt Carlos.

Zurück in die Freiheit

Großgehege, Käfige und Volieren dienen in dem kleinen, überschaubaren Gelände des Proyecto Asis dazu, die Tiere so gut wie möglich zu Kräften kommen zu lassen. Endziel ist es, sie irgendwann freizulassen. So herrscht eine gewisse Fluktuation bei den Beständen, zu denen Eulen, Agutis, Schildkröten, Kaimane und Weißrüssel-Nasenbären zählen können. Die Entlassung in die Freiheit ist leider nicht bei allen Tieren möglich, da manche in freier Wildbahn nicht überlebensfähig wären. Einige müssen in der Station bleiben, so wie das Nabelschwein Perle. Oder Spinnenaffen, die bereits die durchschnittliche Lebenserwartung überschritten haben und einfach zu alt für einen Neuanfang in der Wildnis wären. Das Gnadenbrot, das den Tieren hier gewährt wird, erfordert einen hohen Aufwand: Pflege, Futter, veterinärmedizinische Versorgung und somit ein gewisses Budget.
Andere Maßnahmen zur Wiedereingliederung in den natürlichen Lebensraum verschlingen viel Zeit und Geduld. Bei Tukanen wachsen abgeschnittene Federn in vier Monaten wieder nach, weiß Führer Carlos und setzt hinzu: »Aber bei einem Papagei kann es durchaus sein, dass er einige Jahre hier bei uns leben muss, bis er wieder zu fliegen gelernt hat.« Das Problem sei, dass die Muskeln nicht richtig funktionierten. Zudem schwinge die Unsicherheit mit. Würden Papageien freigelassen, komme es in Einzelfällen vor, dass sie noch tagelang in der Auffangstation blieben. Und zwar außen auf den Käfigen sitzend.

Wilde Begleitsymphonie

Ein Besucherrundgang wird begleitet von wildem Vogelgekreisch. Wer mag, kann unter Aufsicht eines erfahrenen Führers wie Carlos den Spinnenaffen die Hand geben, die sie durch die Käfigstäbe hindurch reichen. Das fühlt sich ledrig und auch aus anderem Grund ungewohnt an. Spinnenaffen haben nämlich nur vier Finger. Für die Menschen gilt es dabei wichtige Verhaltenshinweise zu beachten: keine Fotos mit Blitz aufnehmen und beim Handgeben keinen Augenkontakt mit den Spinnenaffen suchen.

FREIWILLIGENDIENST IN DER RETTUNGSSTATION

Der Standardbesuch im Proyecto Asis umfasst eine Führung auf Englisch oder Spanisch und dauert etwa anderthalb bis zwei Stunden. Eine dreieinhalbstündige Kombination aus Besuch und kurzem Freiwilligendienst erlaubt einen intensiveren Kontakt mit den Tieren; das kann auch für Familien mit Kindern interessant sein. Einen ausführlicheren Blick hinter die Kulissen ermöglicht der Ganztagesaufenthalt, der sich zudem mit einem Aufenthalt bei einer Familie kombinieren lässt. Darüber hinaus gibt es längere Freiwilligendienste, die ebenfalls mit einem Familienaufenthalt gekoppelt sind. Dann ist man in der Tierstation dauerhaft gefordert, Fütterungen vorzubereiten und vorzunehmen, Gehege zu säubern und bei der Reparatur oder Neuanlage von Käfigen mitzuhelfen.

WEITERE INFORMATIONEN

Proyecto Asis, Tel. 506-247 591 21, www.institutoasis.com

20 Schule ohne Wände – Lehr- und Ökofarm Don Juan

Begeisterung für die Natur

Das kleine Paradies der Finca educativa Don Juan liegt wenige Kilometer entfernt von dem Städtchen La Fortuna. Bei Rundgängen vermitteln Juan und sein Team ihren Besuchern die Begeisterung für die Natur, deren Schutz und Nutzen. Der Hausherr beschreibt seine Lehr- und Ökofarm als »Schule ohne Wände«. Hier kann man wirklich eine ganze Menge lernen.

Don Juan, der Namensgeber der Ökofarm südlich von La Fortuna, heißt mit ganzem Namen Juan Castro Chávez. Er stammt ursprünglich aus San Román und hat sich mit der Finca educativa Don Juan seinen persönlichen Garten Eden erschaffen. Juan, dessen Blick verrät, wie sehr ihm der Schalk im Nacken sitzt, nennt sich »Lehrer aus Berufung und Landwirt von Herzen«. In seinem früheren Leben stand er zwei Jahrzehnte lang im Schuldienst und stieg sogar zum Schulleiter auf. Er genoss eine gesicherte Existenz, doch das war ihm nicht alles im Leben. Eines Tages, so sagt er, träumte er davon, wie man Landwirtschaft, praktische Lehre, Tourismus und Verantwortungsbewusstsein gegenüber der Natur zusammenbringen kann.

Alles an seinem Platz

Schließlich hängte er seinen alten Job an den Nagel und gründete im Jahr 2002 seine Lehr- und Ökofarm, über die er Besucher gerne selbst führt. Gestenreich und informationsgeladen geht es bei den Rundgängen von Señor Castro Chávez zu. Das Zwei-Hektar-Gelände ist klein, aber oho, und splittet sich in verschie-

Über die Ökofarm Don Juan führt Besitzer Juan persönlich (unten). Zu dieser Ökofarm gehört ein naturbelassenes Waldgelände (rechte Seite oben). Hier demonstriert Juan mit Gästen, wie man – unter leichter Anstrengung – Zuckerrohrsaft pressen kann (rechte Seite unten).

dene Sektionen auf, in denen beispielsweise Nutz-, Zier- oder Heilpflanzen gezüchtet werden. Die dazwischengelegenen Wiesenareale wirken derart gepflegt, dass sie es fast mit Golfplätzen aufnehmen könnten. Durch Teile des Grüns sieht man hinüber zum Vulkan Arenal und auf einen Teich. Von Felsblöcken umstanden ist der von Don Juan »spirituell« genannte Ort ein Kraftplatz.

Infotainment und Überraschungen

Don Juan ist ein Verfechter des biologischen Anbaus und versteht sich glänzend darauf, seine Gäste mit wohldosiertem Infotainment zu versorgen. Hat er soeben demonstriert, wie man eine Maniokwurzel ausgräbt und fachgerecht auseinandernimmt, schnitzt er sich aus Maniokresten rasch ein Dracula-Gebiss und setzt ein strahlendes Lachen auf. Und das kommt nicht nur bei den Schulklassen gut an, die zu seinen Gästen zählen. Jeder, der ihm folgt, wird für die Natur, für Pflanzen begeistert. Wer hier durchgeht, erweitert nicht nur sein Wissen, sondern auch sein Vokabular.

Planta de china heißt ein Pflänzchen, bei dem man mit der Fingerkuppe auf die Knospen drückt – worauf die braunen Samen in Miniexplosionen herausschießen. Für Menschen nicht essbar ist die Pflanze Huevo de caballo, die einen milchigen Saft enthält. »Dort picken Vögel hinein, um sich zu entgiften«, weiß Señor Castro Chávez. Andernorts erklärt er Blattmaserungen, die Aufschluss über die Genießbarkeit einer Pflanze geben. Ein paar Schritte weiter macht er mit der Stachelannone vertraut, deren saftiges, gelblich-weißes Fruchtfleisch sauer schmeckt. Und mit dem Moringa-Baum, einem der nährstoffreichsten Gewächse der Welt. »Moringa hat mehr Protein als Bohnen, enthält mehr Eisen und Calcium als Milch«, erläutert der Hausherr.

Don Juan liebt all die Details und kleinen Überraschungen. Auf sympathische Art bleibt er dabei das, was er in seinem beruflichen Vorleben gewesen ist: ein Lehrer mit Leib und Seele. Nach Feierabend des Gästebetriebs bleibt ihm die so geliebte und geschätzte Natur rundherum erhalten. Er wohnt gleich vor Ort.

GANZ BESONDERE KOSTPROBEN

Interaktive Elemente und – je nach Verfügbarkeit – auch Kostproben gehören bei Führungen auf der Lehr- und Ökofarm Don Juan dazu. Testen lässt sich ein wunderbarer Saft, zubereitet aus den Blättern des giftgrünen Moringa-Baums. Dann werden Gäste animiert, körperlich aktiv zu werden und Zuckerrohrstangen durch die Handpresse zu jagen. Lohn der Mühe ist der frische süße Saft. Für Erwachsene gibt's zusätzlich einen Zuckerrohrschnaps als Pröbchen. Danach tut eine bittere Frucht vom Árbol de mimbre zum geschmacklichen Ausgleich gut. Wer mag, kann im hauseigenen Restaurant der Finca essen. »Vom Feld auf den Tisch« lautet dort das Motto. Nicht nur, dass die Kost ökologisch ist. Bei der Befeuerung der Küche setzt Señor Castro Chávez über Brennholz hinaus auf eine kleine Biogasanlage, die mit dem gesammelten Rinderkot betrieben wird.

WEITERE INFORMATIONEN

Finca educativa Don Juan,
www.fincaeducativadonjuan

In der Therme Baldi lässt es sich wunderbar aushalten (oben und rechts). Die herabströmenden Wasser können auch leichte Massageeffekte bescheren.

21 Heiße Quellen im Vulkanland – das Thermalgebiet

Wellness auf Costa-Ricanisch

Im Vulkanland um La Fortuna und den Volcán Arenal treten heiße Quellen aus dem Erdinnern hervor. Wellness pur bieten hier zahlreiche Thermalbäder und Spa-Hotels. In unterschiedlichst temperierten Pools, unter rauschenden Wasserpilzen und künstlichen Wasserfällen erlebt man im Thermalgebiet Costa Rica von seiner entspannendsten Seite. Welch eine Wohltat!

Schlägt man ab dem Städtchen La Fortuna die Straße um die Ost- und Nordflanken des Vulkans Arenal ein und nimmt Kurs auf den Arenal-See, gelangt man in ein costa-ricanisches Wellnessmekka. Das vulkanische Gebiet ist für seine heißen Mineralquellen berühmt, deren heilende und entspannende Qualitäten man als Tagesgast in teils wunderschönen Thermalbädern genießen kann. Oder man quartiert sich gleich in eines der hochwertigen Spa-Hotels ein, in denen Komfort und das Wohlbefinden der Gäste höchsten Stellenwert besitzen. In Resorts wie der Volcano Lodge & Springs, dem Baldi Hot Springs Hotel Resort and Spa oder dem Arenal Paraíso Hotel Resort & Spa kann man sich auf höchstem Niveau zudem von Kopf bis Fuß mit verschiedensten Anwendungen verwöhnen lassen.

Rund um den Arenal

Auf dem Weg von La Fortuna Richtung Nordwesten lässt sich eindrücklich verfolgen, wie sich die Landschaft am Vulkan Arenal allmählich verändert: Ist sie anfangs noch bewaldet, gibt sie sich zunehmend schroffer und zeigt

Im Thermalgebiet Tabacón sorgt das angenehme Klima nicht zuletzt für den Bewuchs mit Palmen (unten). Ein guter Tipp ist auch das kleine Naturschutzgebiet Mirador El Silencio (ganz unten). Behaglich aalt man sich in den Thermalpools, hier im Arenal Paraíso Hotel Resort & Spa (rechts oben).

sich mit ihren erstarrten Lavaströmen äußerst abweisend.

Der Arenal gehört zur Tilarán-Kordillere und ist geologisch sehr jung: Sein Alter wird auf lediglich einige Tausend Jahre geschätzt. Forscher gehen davon aus, dass sich große Eruptionen um 1000 v. Chr. und 1520 n. Chr. ereigneten. Der tragische Ausbruch im Juli 1968 forderte weit mehr als 80 Menschenleben und verwüstete weite Teile des Umlands. Ein über 230 Quadratkilometer großes Gebiet war direkt und indirekt von der Naturkatastrophe betroffen, Teile des Areals wurden mit Lava bedeckt.

Da der Arenal derzeit nur schlummert, bewegt man sich in den nahe gelegenen Spa-Hotels auch im übertragenen Sinn auf heißem Boden. Würde der Vulkan aufs Neue ausbrechen, wären alle Thermalbäder und Resorts bedroht. Am besten denkt man jedoch gar nicht an die Möglichkeit eines solchen Super-Gaus, sondern lässt sich ganz entspannt im Thermalwasser treiben. Eine akute Gefahrenlage für das Gebiet stand bei Redaktionsschluss dieses Buches nicht zu befürchten.

Ein heißes Traumbad

Wellnessmaßstäbe setzt bis heute der Thermalkomplex Tabacón. Die Anlage entsprang der Idee eines touristischen Vordenkers, des costaricanischen Architekten und Naturliebhabers Jaime Mikowski, der sich auch in Geschäften mit Kaffeefarmen und Weinbau versuchte. In den ausgehenden 1980er-Jahren stach Mikowski ein Areal an den Ausläufern des Vulkans Arenal ins Auge, wo ein von heißen Quellen gespeistes Flüsschen durch das Wald-, Busch- und Grasland strömte. Dort entstand nach seinen Ideen eben jener Thermalkomplex, der bis heute zu einem der schönsten Bäder in Costa Rica einlädt.

Welch eine Wellnessoase unter freiem Himmel! Im Tabacón gibt es wohlig temperierte Badepools in verschiedensten Größen, dazu Kaskaden und Verbindungswege, all dies eingebettet in eine überbordende Regenwaldvegetation, die auch versteckte Winkel bietet. Hier dürften sich nicht zuletzt Romantiker angesprochen fühlen. Überall dampft und spritzt und rauscht es. Manchmal liegt man allein in den Becken und kommt in den Genuss ungestörter Privatsphäre. Mal ist die Wasseroberfläche glatt, mal kommt man in den Bereich einer Flussströmung und erhält auf diese Weise kostenlose Massageeinheiten. Abkühlung ver-

schafft ein Kaltwasserpool. Und falls man beim Baden in diesem Tropenparadies Appetit bekommen hat, kehrt man einfach im Restaurant am Hauptpool ein. Im Preis der Tagestickets für die Besucher, die keine Hotelgäste sind, ist gewöhnlich eine Mahlzeit inbegriffen. Das zugehörige Tabacón-Hotel liegt ein Stückchen entfernt vom zugehörigen Thermalkomplex Tabacón und ist mit einem regelmäßig pendelnden Bus zu erreichen.

Wasser für die Gesundheit

Die Gästewege im Tabacón führen immer wieder zurück in den Thermalbereich, dessen Lage inmitten der Natur man sich schöner kaum vorstellen kann. Fünf Hauptquellen mit extrem mineralreichem Wasser sorgen für beständigen Zufluss. Die Quellen ihrerseits werden unterirdisch vom Magma des Vulkans Arenal erhitzt. Pro Minute sprudeln viele Tausend Liter Wasser hervor und geben dem Río Tabacón seinen Ursprung.

Ein besonderes Erlebnis ist es, nach Einbruch der Dunkelheit in die warmen Badebecken zu gleiten, zu den Konturen der ringsum stehenden Bäume aufzublicken und die Heilkräfte der Natur tief in sich einwirken zu lassen. Einfach fantastisch und vollkommen gefahrlos – am besten löst man dazu einfach nur ein Abendticket. Den schönsten Blick auf den gebieterisch wirkenden Vulkan Arenal, der wie auf einer Kino-Großleinwand in den Himmel ragt, hat man von den Shangri-La-Gärten aus. Leider sind diese nur Hotelgästen vorbehalten und erst ab 18 Jahren zugänglich, was wiederum mit elitärer Atmosphäre einhergeht und von volljährigen Gästen geschätzt wird.

Fest steht, dass die Thermalanlagen nicht nur die Sinne ihrer Benutzer beleben – sondern auch das Geschäft. Beim Wellnesstourismus hat sich Costa Rica mit dieser Gegend einen festen Platz erobert. Selbst Paare in den Flitterwochen zieht es hierher – auf sie ist die Honeymoon Suite im Thermalkomplex Tabacón zugeschnitten. Auf Wunsch werden ganze Hochzeitspakete arrangiert.

Eine weiterer Tipp in der Region ist die Reserva de Vida Silvestre Mirador El Silencio. Das kleine Naturschutzgebiet bedeckt eine Fläche von 225 Hektar. Durch den Primärwald führen mehrere Wanderwege, auf denen man entweder in Begleitung eines gut informierten Guides oder in Eigenregie die Landschaft erkundet. Unterwegs sieht (und hört) man eine Vielfalt von Schmetterlingen, Vögeln, Spinnen und Affen, die in dem Gebiet heimisch sind.

THERMALHOTEL ARENAL PARAÍSO

Das Arenal Paraíso Hotel Resort & Spa gehört auf jeden Fall zu den empfehlenswerten Adressen in der Thermalregion. »Paraíso« bedeutet Paradies – und genau so darf man sich hier fühlen. Der Komplex ist zwar etwas ungünstig gelegen, weil ihn die Durchgangsstraße von den Ausläufern des Vulkans Arenal trennt, doch die geschmackvolle, weitläufige Anlage macht dieses Manko mit ihren hübschen Zimmern und Häuschen, dem Spa, den Wiesen, dem Busch- und Baumgrün und natürlich den lauschigen Thermalpools mehr als wett. Und nicht zuletzt mit ihrer Aussicht auf den allgegenwärtigen Vulkan Arenal.

WEITERE INFORMATIONEN

Arenal Paraíso Hotel Resort & Spa, Tel. 506-247 911 999, www.arenalparaiso.com; www.volcanolodge.com; www.baldihotsprings.cr; www.tabacon.com

Bootfahrer können auf dem Lago Arenal ihre einsamen Kreise ziehen (oben), und Vogelliebhaber rund um den See gut auf Beobachtungspirsch gehen (rechts).

22 Costa Ricas Binnenmeer – Lago Arenal

Eine Komposition aus See und Vulkan

Im Hintergrund der Kegel des alles beherrschenden Vulkans Arenal, im Vordergrund die blauen Weiten des Lago Arenal, die von dichtem Grün umgeben sind – an Costa Ricas Binnenmeer verbinden sich Farben und Formen zu einer beeindruckenden landschaftlichen Komposition. An der Nord- und Nordwestseite des größten Sees des Landes führt eine schöne Strecke entlang, die traumhafte Ausblicke garantiert.

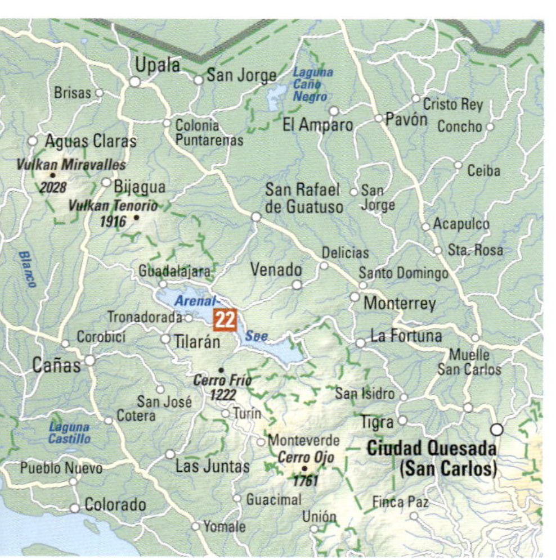

Der Lago Arenal ist zugleich ein natürliches und ein künstliches Gewässer. Natürlich, weil sich an dieser Stelle schon früher einer kleiner See befand. Künstlich, weil dieses Gewässer ab Ende der 1970er-Jahre auf das Dreifache seiner ursprünglichen Größe aufgestaut wurde. Heute ist der Lago Arenal Costa Ricas größter See. Er bedeckt eine Fläche von rund 85 Quadratkilometern, ist bis zu 60 Meter tief, etwa 30 Kilometer lang und bis zu fünf Kilometer breit.

Für den riesigen Stausee, der sich auf Gebiete in den Nachbarprovinzen Alajuela und Guanacaste erstreckt, wurden ganze Dörfer planmäßig geflutet. Der Lago Arenal war Costa Ricas erstes und wichtigstes Projekt zur Elektrizitätsgewinnung und zur Wasserversorgung, wobei letztere vor allem für die trockenen Gebiete von Guanacaste von Bedeutung ist.

Herausforderung für Kitesurfer

Heute ist für Laien wohl nur noch an der Staumauer klar zu erkennen, dass der Lago Arenal ein künstlicher See ist. Und für all die Kolibris, Spechte, Reiher und sonstigen Vögel, die sich rundherum beobachten lassen, spielt dies ohnehin keine Rolle. Hauptsache, sie finden genügend Nahrung und passende, weitgehend ungestörte Lebensräume.

Die Menschen um den See leben vornehmlich

von der Landwirtschaft und der Viehwirtschaft, und auch der Tourismus spielt eine gewisse Rolle. In der Umgebung findet man einige, wenn auch verstreute, Unterkünfte, und beim Freizeitangebot setzt man auf sportliche Aktivitäten. Naturfreunde verzichten dabei eher auf Fahrten mit dröhnend lauten Jetskis, und unternehmen ruhige Kajaktouren oder Reitausflüge. Wind- und Kitesurfer freuen sich über die starken Winde, die auf dem See aufziehen können. Allerdings sollte man dabei die angebrachte Vorsicht walten lassen, denn der Lago Arenal hat seine Tücken, vor allem für Unerfahrene.

Panoramastrecke am Ufer

Wer sich nicht aufs Wasser wagt, kann sich auf Panoramatour begeben. Schön und empfehlenswert ist zunächst die Fahrt an der Nordseite des Sees entlang. Dabei folgt man der Straße, die ab dem Städtchen La Fortuna durch das Thermalgebiet mit diversen Hotelanlagen führt. Es geht kurvenreich teils im Abstand vom Seeufer voran. Gelegentlich tauchen Bambuspalmenwälder auf und immer wieder öffnet sich ein herrlicher Fernblick über den buchtenreichen Lago Arenal, der mit kleinen Inseln gesprenkelt ist. Einen interessanten Kontrast zum Blau des Sees bietet das Grün der Wiesen, die sich bis zur Wasserfläche erstrecken.

Die Straße führt nach Nuevo Arenal, dessen Ortsbild prächtige Hibiskussträucher zieren, und dann kurvig weiter nach Tilarán um die Nordwestseite des Sees. Unterwegs verweist ein Schild auf ein »spirituelles Zentrum«. Auf den Linienbussen, die einem entgegenkommen, künden Aufschriften von tiefer Gläubigkeit: »Der Herr ist mein allmächtiger Beschützer« oder »Möge Gott meinen Weg leuchten«. Und wieder genießt man den Traumblick auf den See, während auf Hügeln im Hintergrund Reihen von Windkrafträdern wirbeln und Strom produzieren. 24 Kilometer von Nuevo Arenal entfernt führt die Strecke vor einem neuerlichen Aussichtspunkt fast unmittelbar an der Ufervegetation vorbei. Bei diesem Stopp schlagen einem noch einmal die heißen Temperaturen der Provinz Guanacaste entgegen. Anschließend heißt es auf der Weiterfahrt ins Städtchen Tilarán Abschied nehmen vom See. Adiós, Lago Arenal.

CAFÉ & MACADAMIA

Folgt man der Seestraße von Nuevo Arenal und dann weiter in Richtung Tilarán, bietet sich hoch über dem Nordwestufer des Lago Arenal ein Stopp im beliebten Café & Macadamia an. Vom dortigen Aussichtspunkt hat man einen wunderschönen Panoramablick über den Lago Arsenal. Gleich dahinter nimmt man im Schatten an Holztischen Platz, um sich mit einem Imbiss oder auch einer deftigen Mahlzeit zu stärken. Im dazugehörigen Laden kann man sich mit Kaffee und Souveniers eindecken. Die namengebenden Macadamien wachsen übrigens in der Umgebung.

Café & Macadamia, www.facebook.com/cafeymacadamiaarenal/

WEITERE INFORMATIONEN

Kitesurfen auf dem Lago Arenal, http://kitecostarica.net

Bei der Fahrt um den Lago Arenal trifft man immer wieder auf idyllische Szenerien.

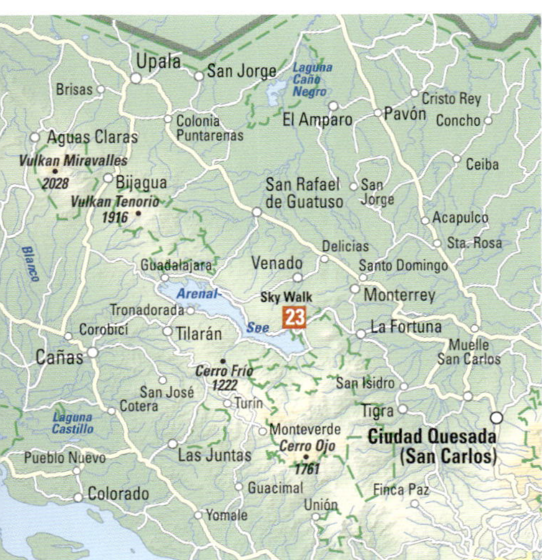

Der Sky Walk verhilft zu ungewohnten Ansichten und Perspektiven im Urwald (unten). Und mit Fotografenglück entdeckt man eine bestens getarnte Schlange im Grün (rechte Seite oben). Eine Herausforderung der besonderen Art ist eine Zipline-Fahrt (rechts).

23 Abenteuer »light« – Sky Walk

Auf Hängebrücken durch den Urwald

Die Perspektive wechseln und dem Regenwald von oben in die grünen Kronen schauen – möglich ist dies im Parque Arenal nordwestlich des Vulkans Arenal. Dort kann man auf dem »Sky Walk« unter kompetenter Führung in luftiger Höhe durch den Urwald spazieren. Zu den Höhepunkten der Wanderung gehören die schwankenden Hängebrücken, die einen leichten Nervenkitzel bieten.

Der Parque Arenal ist eine Art »Naturfreizeitpark«, in dem Besucher der Natur organisiert und mit sportlichem Nervenkitzel nahekommen können – unter anderem auf rund dreistündigen geführten Wanderungen, die auf dem sogenannten Sky Walk durch die Baumkronen des Regenwalds führen.

Urwald für Anfänger

Eine Tour auf dem Sky Walk kommt einer Urwaldexpedition für Anfänger gleich, bei der man sich von Beginn an auf die Höhepunkte freuen darf: die Passagen über diverse Hängebrücken. Der Startpunkt ist das Empfangsgebäude. Fortan ist gänzlich alles auf Bequemlichkeit und leichten Zugang ausgerichtet, auch für Familien mit Kindern. Ausgebildete Tourguides geben das Kommando auf dem durch den Urwald geschlagenen Weg, der breit und problemlos verläuft. Je nach Passage ist er aufgeschottert oder führt über Treppen aus Holz und Stein. Zuweilen hilft ein Handlauf. Kurzum: Das Ganze ist ein Spaziergang für Urwald-Neueinsteiger auf einem Lehrpfad durch die Natur. Einen echten Abenteuerfaktor darf man nicht erwarten. Alles bleibt unter Kontrolle, so steht sogar auf dem höchsten Punkt des Trails hineingekeilt in Mutter Natur

ein Toilettenhaus mit merkwürdigerweise riesigen Glasfensterfronten nach hinten hinaus – hier hat man freien Blick ins unverbaubare Grün.

Unterwegs hält Tourguide Sidalia ein ums andere Mal an. Auf Spanisch und Englisch erklärt sie die Vielfalt der Pflanzen und die Lebensräume von Ameisenbären, Faultieren und Affen. Begegnungen mit derlei Wildtieren sind allerdings nicht garantiert, da der Mensch einfach zu nah ist. Trotzdem sind Vertreter der Fauna zugegen, auch wenn es gegebenenfalls gilt, sich mit Blauen Morphofaltern und Kolonnen von Blattschneiderameisen zu bescheiden. Ein ungewöhnlicher Anblick sind Riesenblätter, die im Volksmund *Orejas de elefante* heißen, »Elefantenohren«.

Schwankende Übergänge

Eine Besonderheit des Sky Walk sind die schwankenden Hängebrücken, auf denen man hoch in der Luft Passagen überwinden muss. Das bekommt man wirklich nicht alle Tage geboten. Den Anfang macht die 127 Meter lange Brücke Guarumos, die teils in 46 Meter Höhe über dem Erdboden verläuft. Schon beim ersten Brückengang lernt man rasch, die Füße richtig zu setzen und das Gleichgewicht zu halten. Die Geländer sind bestens gesichert. »Passieren kann nichts«, versichert Führerin Sidalia und achtet darauf, dass sich auf der Brücke nie mehr Personen gleichzeitig aufhalten, als maximal erlaubt sind. Bereits der erste Schwebegang über Bäume, Baumkronen und ein Tal mit einem rauschenden Bach hinweg hat seinen Erlebniseffekt.

Fernblick und Wasserfälle

Darüber hinaus bietet der Sky Walk nicht nur schwankende Hängebrücken, sondern auch Aussichtsplattformen mit Blick auf den Lago Arenal und die zwei Wasserfälle Catarata El Encanto und Escondida.

Gegen Ende des Rundgangs verweist ein Schild auf den Ausgang aus dem Urwald – ganz so, als wäre die Naturshow nun vorbei. Echt bleibt auf dem Sky Walk auf alle Fälle der eigene Schweiß, der bei Auf- und Abstiegen und durch die hohe Luftfeuchtigkeit wie in Strömen läuft.

SCHUSSFAHRT AM SEIL

Merke: Nicht jeder Urschrei, der aus dem Dschungelgrün dringt, stammt von Tieren. Mitunter geben auch Menschen animalische Laute von sich. Das passiert beispielsweise dann, wenn sie gerade im Geschwindigkeitsrausch im Parque Arenal unterwegs sind. Denn dort kann man an den Ziplines des Sky Trek, eines Parcours aus sieben Seilrutschen, auf bis zu 750 Meter langen Schussfahrten hoch über die Baumkronen des Regenwalds sausen. Das Leben der Teilnehmer hängt dabei vorübergehend an einer metallischen Griffaufhängung, zwei kurzen Schnüren und einem Paar Karabinerhaken. Besonders spektakulär sind die Teilstücke »Big Mama« und »Big Daddy«. Dort erreicht man kurzzeitig ein Tempo von 70 Stundenkilometern. Auf dem Parcours hat man immer wieder die Vulkankulisse des Arenal im Blick.

WEITERE INFORMATIONEN

Parque Arenal, Tel. 506 247 941 00, Online-Reservierungen möglich, http://skyadventures.travel/arenal

Unterwegs auf den Pfaden im Nationalpark Volcán Tenorio (oben). Irgendwann tritt dann die Catarata Río Celeste in den Blick, ein traumhafter Wasserfall (rechts).

24 Die Magie des Río Celeste – Nationalpark Volcán Tenorio

Verschlungene Wege und ein hellblauer Fluss

Der Río Celeste, der »hellblaue Fluss«, hält, was sein Name verspricht: Er fasziniert mit einer fast unwirklich anmutenden blauen Färbung. Der faszinierende Fluss ist sowohl als stiller Wasserlauf als auch als donnernder Wasserfall ein landschaftlicher Höhepunkt im Nationalpark Volcán Tenorio, durch dessen tropischen Regenwald verschlungene Wege führen.

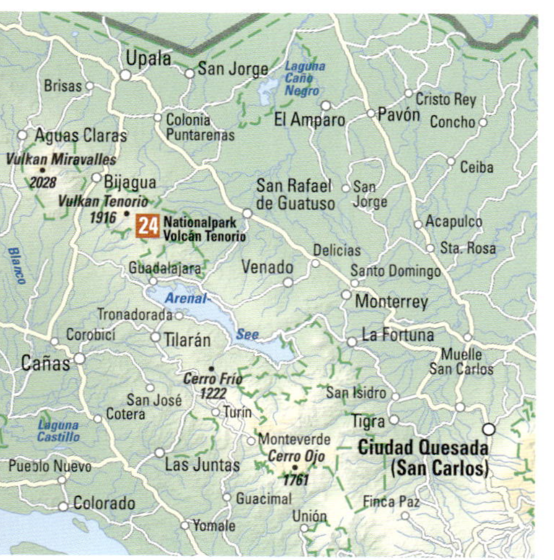

Für Naturfans ist es eine gute Idee, am Hauptzugang des Nationalparks Volcán Tenorio einen Guide der lokalen Führervereinigung Asociación de Guías Río Celeste zu buchen. Nicht, dass man den Weg nicht allein finden würde. Die Pfade sind gut ausgebaut, markiert und nicht zu verfehlen – das Anfangsstück ist naturwidrig leider sogar betoniert. Aber auf dem weiteren Weg durch den Regenwald zum Río Celeste mit seinem sagenhaften Wasserfall wird man mit Hilfe eines erfahrenen Guide weitaus mehr entdecken, als man auf den ersten Blick vermuten würde. Doch welche Option auch immer man wählt: Die Spannung auf das Bevorstehende steigt.

Der Wunder-Fluss

Der Parque Nacional Volcán Tenorio gehört zu den beliebtesten Nationalparks Costa Rica, alljährlich kommen einige Zehntausend Besucher. Dies zum einen, weil der Park leicht zugänglich ist, zum anderen sind die hohen Besucherzahlen der Strahlkraft des »hellblauen Flusses« Río Celeste zu verdanken. Dieser ist jedoch weniger hellblau, sondern stellenweise eher milchigtürkis.

Würde man Costa Ricas schönsten Fluss küren – die Wahl fiele wahrscheinlich auf eben diesen Río Celeste. Er hat schon auf der Liste der »Sieben Naturwunder« des Landes gestanden und sich dort in bester Gesellschaft mit

der Kokosinsel, dem Vulkan Arenal, dem Cerro Chirripó, Monteverde sowie den Nationalparks Tortuguero und Volcán Poás befunden.

Der farbenprächtigen Magie des Río Celeste wird man sich kaum entziehen können. Wenn nicht dieses, was ist dann das schönste Flüsschen in Costa Rica …? (unten und ganz unten)

Reiche Tierwelt

Der Nationalpark Volcán Tenorio heißt nach dem Vulkan Tenorio, der die Nordwestausläufer des Schutzgebiets absteckt. Besucher erwartet hier ein tropisches Klima mit ganzjährig Niederschlägen und hoher Luftfeuchtigkeit, die einen leicht ins Schwitzen bringt. Das annähernd 20 000 Hektar große Gebiet wurde 1995 unter Naturschutz gestellt. Teile des Geländes wurden früher für die Viehwirtschaft genutzt, weshalb der hiesige tropische Regenwald nicht immer als unberührter Urwald zu bewundern ist. Tatsächlich erstrecken sich in den niedrigen Lagen des Parks Sekundärwälder, die Primärwälder sind höher gelegen. Naturführer listen gerne die üppige Artenvielfalt der Tierwelt auf: Im Park leben über 540 Vogel-, 70 Säugetier- und immerhin 27 Schlangenarten, die mehrheitlich giftig sind. Das bedeutet nicht, dass ihr Gift für den Menschen tödlich ist. »Eine Woche Krankenhaus« prognostiziert Guide Ronald jenen, die von einer Viper gebissen werden. Deshalb gilt wie andernorts auch in diesem Park: Immer darauf achten, wohin man tritt!

Dennoch sollte man auf den Wegen durch den Park nicht nur starr auf den Boden schauen, sondern auch hoch in die Bäume blicken, um Brüllaffen, Weißschulter-Kapuzineraffen, Zwei- und Dreifingerfaultiere zu erspähen. Nasenbären und Tapire kommen ebenfalls recht häufig vor. Sehenswert ist auch die Flora des Parks, zu der Süßwassermangroven und über 200 Farnarten gehören – und eine Orchideenart, deren Lebensdauer lediglich einen Tag beträgt. Nach 24 Stunden ist sie verblüht.

Treppe zum Glück

Der gut begehbare Weg führt an verschlungenen Wurzelwerken vorbei, Bromelien, moosbewachsenen Stämmen, einem Bachlauf. Lauthals geben Zikaden ihre Konzerte. Je höher man kommt, desto mehr gewinnt der Primärwald die Oberhand.

Dann hört man das Rauschen eines Wasserfalls und sieht leuchtende Türkistöne durch das Grün der Bäume glitzern: die Catarata Río Celeste. 252 Stufen führen hinab zu einen der schönsten Flecken im hohen Norden Costa Ricas. Rund 30 Meter donnert das Wasser des Río Celeste inmitten der ursprünglichen Vege-

tation in sein malerisches Becken. Doch so sehr es auch verlocken mag: Baden ist hier zum Schutz der Natur streng verboten. Das bedeutet leider nicht, dass sich jeder daran hält. Die Ranger können nicht überall sein.

Zur blauen Lagune

Zurückgekehrt vom Wasserfall auf den Hauptweg, lässt die nächste lohnende Station nicht lange auf sich warten: ein Aussichtspunkt mit freiem Blick auf den Vulkan Tenorio. Der Tenorio ist kein typischer Einzelvulkan, sondern ein breites Massiv mit mehreren Spitzen und Kratern, dessen höchster Punkt 1916 Meter erreicht. Das über 200 Quadratkilometer große Gebiet liegt an der Schnittlinie zwischen den Provinzen Alajuela und Guanacaste, zwischen Regen- und Trockenwald.

Setzt man hinter dem Aussichtspunkt den Weg abwärts durch den Wald fort, schimmert irgendwann die Laguna Azul durch die Zweige. Allerdings ist die »Blaue Lagune« weniger blau denn türkisfarben. Folgt man dem Wasser flussaufwärts, bemerkt man irgendwann Schwefelgeruch in der Luft. Jetzt sieht man auch, wie mitten im Fluss das Wasser zu kochen scheint. An dieser Stelle treten toxische Gase aus dem Boden aus und bringen das Wasser zum Blubbern. *Borbollones,* »Gesprudel«, wird das Phänomen genannt, das auf die vulkanische Aktivität des Gebiets hindeutet.

Die Farben Gottes

Den Schlusspunkt auf dem Weg durch den Nationalpark setzt El Teñidero, ab hier geht es für Besucher wieder auf demselben Weg zurück – jedoch nicht, ohne zuvor die umliegenden Naturwunder bestaunt zu haben. An »der Färberei«, so die Bedeutung von El Teñidero, bekommt der Río Celeste seine auffällige Türkisfärbung. Laut Guide Ronald entsteht das Farbenspiel, weil an dieser Stelle drei Flüsschen mit drei verschiedenen Temperaturen und drei unterschiedlichen pH-Werten zusammenfließen. Der pH-Wert des Río Celeste ist extrem niedrig, weshalb das Wasser des »hellblauen Flusses« für Mensch und Tier ungenießbar ist. Einer hübschen Legende zufolge beruht die Türkisfärbung jedoch nicht auf einem Naturphänomen, sondern geht auf niemand Geringeren zurück als den Schöpfer des Himmels und der Erde. Als Gott damit fertig war, das Firmament zu bemalen, spülte er in dem Fluss seine Pinsel aus. Seither erstrahlt der Río Celeste in seiner unverwechselbaren Farbe und zieht die Menschen in seinen Bann.

RÍO CELESTE HIDEAWAY HOTEL

Das Río Celeste Hideaway Hotel liegt etwas oberhalb des Río Celeste, zu dem ein Fußweg durch den Regenwald hinabführt. Hier sollte man die Augen offenhalten, um Frösche, Zikaden, Tausendfüßer und dergleichen zu entdecken. Nach Einbruch der Dunkelheit können Leuchtkäfer und Glühwürmchen unterwegs sein. Zur Anlage gehören 26 komfortable, großzügig aufgemachte Bungalows, ein Pool zum Entspannen und ein Restaurant, das eine hervorragende Küche serviert. Über das Hotel lassen sich diverse Ausflüge arrangieren, darunter Touren zum Vogelbeobachten und Tubing auf einem Fluss, was sich allerdings in der Trockenzeit nicht empfiehlt.

WEITERE INFORMATIONEN

Río Celeste Hideaway Hotel, Tel. 506-220 640 00, www.rioceleste hideaway.com; Nationales Naturschutznetz Sistema Nacional de Áreas de Conservación Costa Rica, www.sinac.go.cr

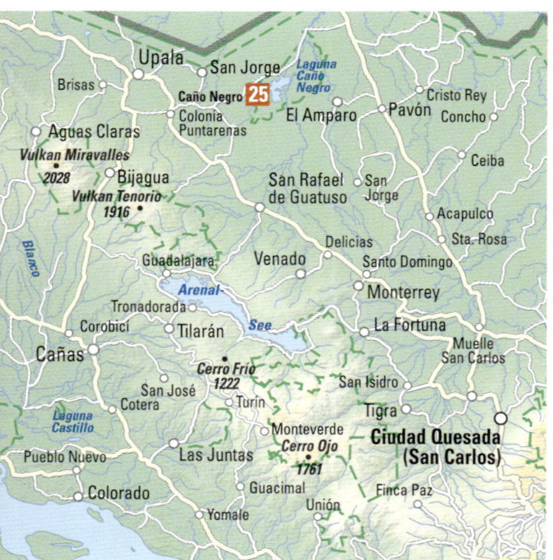

25 Pures Wildlife – Caño Negro

Feuchtgebiete als wichtige Lebensräume

Für Tierliebhaber gibt das Wildschutzgebiet Caño Negro gleichsam eine Garantie, dass sie ihre Fotospeicherkarten bis zum Anschlag füllen werden. Zum Beispiel mit Bildern von Kaimanen, weit gereisten Zugvögeln oder seltenen Standvögeln. In dem abgelegenen Refugio Nacional bieten vor allem Feuchtgebiete wie die Laguna Caño Negro Lebensraum für eine artenreiche Fauna.

Der Naturpark Caño Negro schützt typische costa-ricanische Wetlands (unten). In der reichen Vogelwelt lassen sich Kormorane beobachten (rechte Seite oben).

Fragt man Alberto und Neifren, zwei Einheimische, die mit Naturtrips im Tourismusbusiness rund um den Nationalpark Volcán Tenorio wirtschaftlich Fuß gefasst haben, nach ihrem Lieblingsziel in der weiteren Umgebung, antworten sie beide wie aus der Pistole geschossen: »Caño Negro!« Und ihre Augen beginnen zu leuchten, wenn sie von den Kaimanen und zahllosen Vögeln berichten, die man dort beobachten kann. »Da müsst ihr unbedingt hin!«, lautet der Tenor. Also: Auf ins Refugio Nacional de Vida Silvestre Mixto Caño Negro, wie das Mitte der 1980er-Jahre gegründete Naturschutzgebiet nahe der Grenze zu Nicaragua offiziell heißt. Für den Erhalt der Umwelt im Norden Costas Ricas spielt das Caño Negro eine außergewöhnlich wichtige Rolle. Gleiches gilt für den Nicaraguasee, der jenseits der Landesgrenze nicht weit entfernt liegt.

Ökologische Vielfalt

Das Caño Negro liegt in einer Region mit moderaten Erhebungen und tropisch-feuchtem Klima – alljährlich verzeichnet das Gebiet äußerst hohe Niederschläge. In dem rund 10 000 Hektar großen Refugio Nacional breiten sich Wälder, Sümpfe und vor allem Seen

aus, die einer vielfältigen Fauna Lebensräume bieten. Im Zentrum liegt die Laguna Caño Negro, die vom »kalten Fluss« Río Frío gespeist wird. Die Ausdehnung des Sees ändert sich im Jahresverlauf, je nachdem, ob Regen- und Trockenzeit herrscht. Bei Höchstwasserstand bringt es die Laguna Caño Negro auf eine Fläche von 900 Hektar.
Die ökologische Vielfalt von Caño Negro wirkt auf Naturbegeisterte wie ein Magnet. Das Refugio ist für zahlreiche Tiere ein Rückzugsgebiet, in dem sie weitestgehend ungestört leben können und ausreichend Nahrung finden. So vielfältig wie die Fauna ist auch die Pflanzenwelt, zu der allein zehn verschiedene Palmenarten gehören.

Kuckuck und Kormoran

Besonders artenreich ist die Vogelwelt im Caño Negro vertreten, seine Feuchtgebiete ziehen unter anderem Ibisse, Schlangenhalsvögel, Löffler und Kormorane an. Zu beobachten sind hier zahllose Standvögel, die hier ständig leben, aber auch viele Zugvögel, die hier temporär Station machen. Dazu gehören beispielsweise der Schwarzschnabelkuckuck, die Südamerikanische Rohrdommel, die Zwergbinsenralle und der Schwarzfleckenkotinga. Unter den Greifvögeln kommt die Kornweihe vor, die zur Familie der Habichtartigen gehört, unter den Eisvögeln der Gürtelfischer. Zu den Sperlingen zählt der Zuckervogel, der ein leuchtgelb-dunkelgraues Federkleid trägt.
In den Gewässern tummeln sich Nutrias, Kaimane und einige Dutzend Fischarten, darunter Tilapias, die andernorts in Costa Rica als Speisefische geschätzt werden. Landbewohner sind Zweifingerfaultiere, Tapire, Brüllaffen und Weißschulter-Kapuzineraffen. Unter den dokumentierten Raubtieren seien der Jaguar und der Ozelot genannt; zur Familie der Marder gehört die Tayra, die einem zu groß geratenen Wiesel gleicht.

Tiere beobachten

Was für andere Wildschutzgebiete in Lateinamerika gilt, trifft auch für das Refugio Nacional de Vida Silvestre Mixto Caño Negro zu: Am besten lassen sich die Tiere in der Trockenzeit zwischen Dezember und April beobachten, wenn die Wasserflächen schrumpfen und sich die Lebensräume verkleinern. Ganzjährig gilt jedoch, dass man auf einer Tour durch die Feuchtgebiete den Insektenschutz nicht vergessen sollte. Und wer eine nach Einbruch der Dunkelheit startende Nachtwanderung bucht, sollte zudem feste Schuhe, lange Hosen und eine Taschenlampe mitbringen.

NATURAL LODGE CAÑO NEGRO

»Schöne Hotelanlage mit vielen Wildtieren in direkter Nachbarschaft«, »Perfekte Lage«, »Freundliches Hotel«, »Echtes Paradies für Vogelbeobachter« – so lauten einige Urteile von Gästen der Natural Lodge Caño Negro. Mit dieser Unterkunft trifft man eine gute Wahl. Sie bietet 42 ordentlich eingerichtete Zimmer und als Treffpunkte das Restaurant Jabiru, die Congo Bar und den Pool. Auf dem ganzen Gelände kann es passieren, dass Vögel vorbeiflattern oder auch einmal ein neugieriger Affe vorbeischaut. Über die Lodge werden verschiedene Ausflüge in die Feuchtgebiete angeboten, darunter auch Boots- und Kanutouren. Reizvoll ist überdies die geführte naturkundliche Nachtwanderung, die nach dem Abendessen startet.

WEITERE INFORMATIONEN

Natural Lodge Caño Negro, Tel. 506-247 114 26, www.canonegrolodge.com
Nationales Naturschutznetz Sistema Nacional de Áreas de Conservación Costa Rica, www.sinac.go.cr

Knorrige Äste stehen regelrecht als Sinnbilder für eine raue, unverfälschte Natur um Monteverde (oben). Und die lässt sich wunderbar durchstreifen – nicht immer frei von Nebel oder Niederschlägen (rechts).

26 Hoch im Nebelwald – Monteverde

Tore in eine andere Welt

Monteverde ist schon als eines der »Sieben Naturwunder« des Landes geadelt worden. Das Gebiet des »grünen Berges« gehört zu den herausragenden Zielen für Besucher in Costa Rica. Fernab von den Küsten, Ballungsgebieten und klassischen Vulkanlandschaften öffnen sich hier die Tore in eine andere Welt. Eine Welt der Nebelwälder.

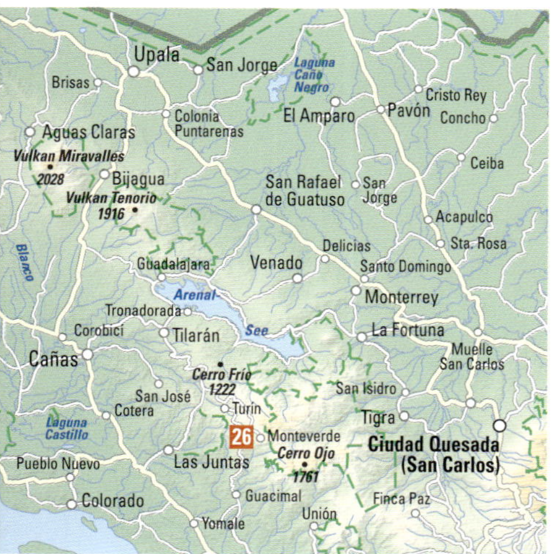

Wörtlich übersetzt bedeutet Monteverde – beziehungsweise *monte verde* – »grüner Berg«. In dem etwa 1500 Meter hohen Berggebiet ließen sich in den 1940er-Jahren als erste einige costa-ricanische Familien nieder. Ihnen folgte zu Beginn der 1950er-Jahre eine Gruppe nordamerikanischer Quäker, die hier eine eigene Gemeinschaft aufbauten. Die Einwanderer verlegten sich auf Milchwirtschaft und Käseproduktion. Käse aus Monteverde hat nach wie vor landesweit einen hohen Stellenwert.

Für Besucher liegt der Reichtum Monteverdes jedoch vorrangig in der großartigen Natur der Region: den berühmten Nebelwäldern. Charakteristisch für die Nebelwaldvegetation sind Epiphythen, Moose und Kletterpflanzen. Vogelbeobachter begeben sich auf die Suche nach dem legendären Quetzal, einem grün und scharlachrot gefärbten Vogel, der schon bei den alten Völkern Mittelamerikas Verehrung genoss. Insgesamt sind einige Hundert Vogelarten in Monteverde nachgewiesen. Hinzu gesellen sich über 160 Arten an Amphibien und Reptilien, darunter einige Dutzend Schlangenarten.

Visionäre Anfänge

Es begann mit einer Vision, wie man die Nebelwälder in der Tilarán-Kordillere erhalten könnte. Der Blick in die Geschichte führt zurück in das Jahr 1972: Damals hielt die private

CAPACIDAD MÁXIMA
10 PERSONAS
MAXIMUM CAPACITY
10 PERSONS

Quäker sind bis heute in den Gegenden von Monteverde präsent (unten). Der Pflanzenreichtum berauscht überall (ganz unten). Fledermäuse lassen sich im Bat Jungle entdecken (rechts).

costa-ricanische wissenschaftliche Vereinigung Centro Científico Tropical nach verfügbarem Land Ausschau, um es unter Schutz zu stellen. Als sie von der Guacimal Land Company ein 328 Hektar großes Areal geschenkt bekam, konnte sie mit diesem Grundbesitz Jägern und Landspekulationen erfolgreich gegenwirken – und die Grundlage für das spätere Naturschutzgebiet Reserva Biológica Bosque Nuboso

de Monteverde schaffen. Die Ziele des Centro Científico Tropical waren von Anfang an klar umrissen: die Ökosysteme des Gebiets, das sich über die Kontinentale Wasserscheide erstreckt, schützen und bewahren, sie für Umwelterziehung und biologische Forschung nutzen und auch der interessierten Öffentlichkeit zugänglich machen.

Für die Visionäre spielte eine wichtige Rolle, dass Monteverde Lebensraum für den Quetzal und die noch seltenere Goldkröte (*Bufo periglenes*) diente. Die *sapo dorado*, wie sie auf Spanisch heißt, ist eine endemische Krötenart. Sie wurde erst zu Beginn der 1960er-Jahre entdeckt und gilt seit einiger Zeit leider als ausgestorben. Dank Geldern aus Fonds und Spenden konnten in der Folge weitere Landankäufe getätigt werden, und mit der Zeit lockte die unberührte Naturregion zunehmend Besucher an. In die Gästestatistik des Jahres 1975 gingen 471 Personen ein – ein winziger Bruchteil der heutigen Besucherzahlen.

Der ewige Wald der Kinder

Ähnlich ambitioniert war von Beginn an das Projekt Bosque Eterno de los Niños, der »Ewige Wald der Kinder«. In der ganzen Welt, sei es in Skandinavien, Nordamerika oder anderen Regionen, wurde dieses einzigartige Projekt von Organisationen, Schulen und Vereinen unterstützt.

Die Idee war wie alle guten und erfolgreichen Ideen ebenso simpel wie einleuchtend: Wenn eine Welt ihre Lebensgrundlage vernichtet, der Raubbau am Regenwald trotz verzweifelter Appelle ungeachtet fortschreitet und nur noch Restinseln im Kahlschlaggebiet zurückbleiben, muss man wenigstens diese Restinseln retten. Statt kluge Reden zu schwingen, war praktische Tatkraft gefragt. Die Initiative ging zunächst von einer schwedischen Landschule aus und schwappte später nach Großbritannien, Finnland, Japan, Deutschland, Kanada, die USA, Australien und andere Länder über. Insgesamt erhielt das Projekt Unterstützung aus 44 Staaten rund um die Welt. Der eindringli-

che Appell lautete: Wir müssen aktiv etwas für den Regenwald tun, damit er auch für kommende Generationen erhalten bleibt. Die Initiative brachte eine regelrechte Lawine ins Rollen, die dem damaligen ökologischen Zeitgeist entsprach – und von der die Besucher des Gebiets noch heute profitieren.
Dank der Gelder, die unter anderem durch Spenden oder Verkäufe auf Schulfesten und Weihnachtsbasaren gesammelt wurden, konnten die ersten Hektar Urwald in den Höhenlagen Costa Ricas gekauft werden. Organisiert wurde das Ganze von der 1986 gegründeten Asociación Conservacionista de Monteverde. Mit der Zeit konnte immer mehr Regenwald von der bäuerlichen Bevölkerung gekauft und somit vor der Zerstörung durch die Ausdehnung der Landwirtschaft gerettet werden.
Nicht verschwiegen sei, dass die Organisation in den Frühzeiten vorübergehend wegen der Verwaltung ihrer Finanzen in die Schlagzeilen geriet. Manche Gelder versickerten anscheinend in dunklen Kanälen – doch diese Zeiten scheinen lange vorbei zu sein.
Heute ist der Bosque Eterno de los Niños auf 23 000 Hektar angewachsen. Das größte private Naturschutzgebiet Costa Ricas bewahrt auf seinem Territorium verschiedenste Lebensräume. Bei Besuchern besonders beliebt ist die Reserva Bajo del Tigre mit ihrem überschaubaren Wegenetz.

Reichlich Entdeckungspotenzial

Das Areal von Monteverde und des Ortes Santa Elena zieht sich über mehrere Kilometer und besitzt reichlich Entdeckungspotenzial. An Unterkünften und Möglichkeiten für Aktivitäten herrscht kein Mangel. In würzig-frischer Luft schaut man bei wolkenfreier Sicht in der Ferne auf den Golf von Nicoya, auf grüne, fruchtbare Täler und wolkenverhangene Bergspitzen. Oft genug macht der Nebelwald seinem Namen alle Ehre. In Monteverde darf man allerdings nicht erwarten, allein auf weiter Flur zu sein. Das gilt vor allem in den Hochsaisonmonaten.
Ein »Muss« für die meisten Traveller ist der Besuch der Reserva Biológica Bosque Nuboso de Monteverde. Dort erwartet Naturfreunde ein insgesamt 13 Kilometer langes Wegenetz. Spannend ist der Gang über die Hängebrücke Wilford Guindon, die zu Ehren eines der Aktivisten für das Naturschutzgebiet benannt ist. Besonders schön ist auch der Aussichtspunkt mit dem bezeichnenden Namen La Ventana, »Das Fenster«.

ALLERHAND EXTRATOUREN

Im Bereich von Monteverde und Santa Elena gibt es über die Naturschutzgebiete hinaus eine ganze Menge mehr zu entdecken: Schmetterlinsgärten, Orchideengarten, Sky Adventures Monteverde Park … Besonders interessant ist The Bat Jungle. Dort sind insgesamt acht verschiedene Fledermausarten und eine knappe Hundertschaft ihrer Vertreter versammelt. Die angebotenen Führungen dauern etwa 45 Minuten.
http://batjungle.com, www.monteverdebutterflygarden.com, http://monteverdeorchidgarden.net, http://skyadventures.travel/monteverde/

WEITERE INFORMATIONEN

Reserva Biológica Bosque Nuboso de Monteverde, www.reservamonteverde.com; Bosque Eterno de los Niños, www.acmcr.org; Monteverde, www.monteverdeinfo.com

Nördliche Pazifikküste & Hinterland

Palmenstrände und Nationalparks

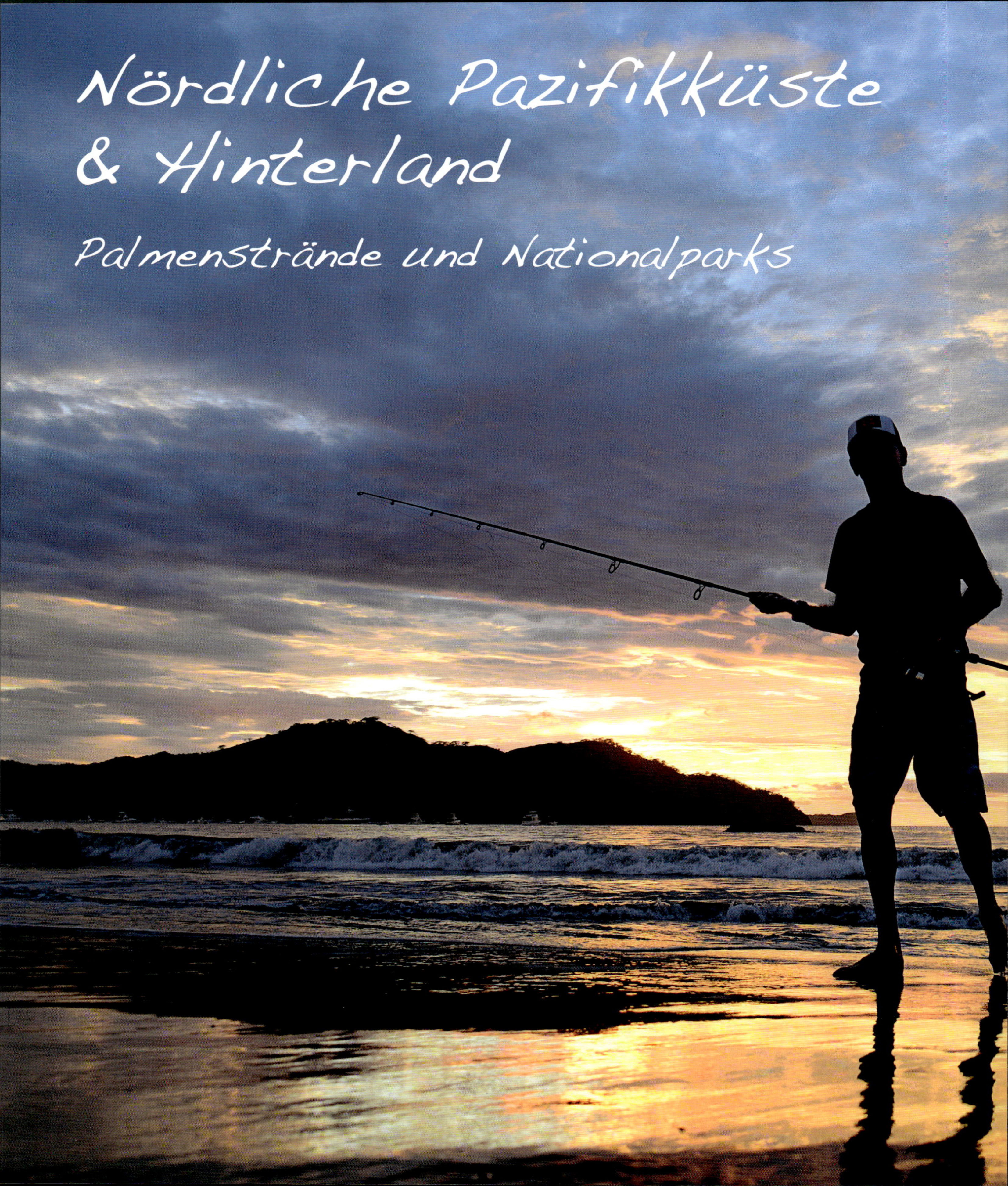

Am Strand von El Coco am Golfo Papagayo lässt es sich gut aushalten – und das nicht nur als Angler (links). Um das »weiße Kap«, Cabo Blanco, fühlen sich Nasenbären wohl (oben). Der Strand von Tamarindo lockt Surfer an (unten).

27 Trockenwälder und Pazifik – Nationalpark Santa Rosa

Zu Fuß ans Meer

Der Schutz der tropischen Trockenwälder steht im Parque Nacional Santa Rosa im Fokus. Im Vergleich zu anderen Nationalparks halten sich die Besucherzahlen in Grenzen. Für die Wanderungen auf den Wegen, die bis an den Pazifik führen, braucht man eine gute Kondition – auch, weil die Temperaturen hier in der Regel hoch sind. Niedrig sind dagegen die Niederschläge; im Inland ist »trocken« das Leitmotiv.

Der Nationalpark Santa Rosa beginnt etwa 30 Kilometer nordwestlich der Stadt Liberia. Das Schutzgebiet dominieren tropische Trockenwälder mit rund 250 Baumarten, darunter dem weit ausladenden Guanacaste-Baum. Der Nationalpark existiert bereits seit 1971 und bedeckt einschließlich des Nebensektors Murciélago fast 40 000 Hektar. Zum Park gehört auch ein Meeresschutzgebiet. Wer sich länger im Santa Rosa aufhalten möchte, kann dort zelten. Andere Übernachtungsmöglichkeiten gibt es nicht.

Schildkröten-Kinderstube

Die Tiere des Nationalparks kann man am besten in der Trockenzeit zwischen Dezember/Januar und April beobachten. Ein Highlight hat der Santa Rosa jedoch auch in der zweiten Jahreshälfte, etwa von Juli/August bis November/Dezember, zu bieten: In diesem Zeitraum kommen nachts immer wieder Meeresschildkröten an die Playa Nancite gekrochen, um dort ihre Eier im Sand abzulegen. Besonders spektakulär sind die sogenannten *arribadas* der verhältnismäßig kleinen Oliv-Bastardschildkrö-

Das Museum im Nationalpark Santa Rosa erinnert an die Schlacht vom 20. März 1856 (unten und rechts unten). Verkehrsschilder im Nationalpark warnen vor Ameisenbären und anderem Getier in freier Wildbahn (rechts oben).

HISTORISCHES MUSEUM

Es ist eine Besonderheit des Nationalparks Santa Rosa, dass hier auch die Geschichte gepflegt wird. In einem alten Gutshaus der Hacienda, La Casona, erinnert das Museo Histórico an die Schlacht vom 20. März 1856, in der die Costa-Ricaner gegen von William Walker angeführte Invasoren kämpften. Für die Geschichte Costa Ricas hat die Schlacht eine große Bedeutung, und die Einheimischen sehen sich die Exponate gerne an.

WEITERE INFORMATIONEN

Nationales Naturschutznetz, Sistema Nacional de Áreas de Conservación Costa Rica, www.sinac.go.cr

ten (*Lepidochelys olivacea*), die in Massen an den Strand kommen. Da die Kontrolle streng und der Zugang begrenzt ist, sollten sich interessierte Besucher bereits im Vorfeld bei den Nationalparkbehörden erkundigen, in welcher Form es möglich ist, dieses Naturschauspiel miterleben zu dürfen. Falls man eine offizielle Erlaubnis erhält, ist es unerlässlich, vor Ort die Verhaltensregeln einzuhalten. Kriecht eine Meeresschildkröte an Land, gilt es, auf Distanz zu bleiben und ihr nicht den Weg abzuschneiden. Erst wenn sie mit der Eiablage begonnen hat, darf man näher herankommen. Für Studenten und ausgebildete Biologen sind die Eiablagen an der Playa Nancite wichtige Forschungsgegenstände.

Kräftezehrender Marsch

Ein weiteres lohnendes Ziel ist die Playa Naranjo, wo aus dem Meer der »Hexenfelsen« Roca Bruja oder Peña Bruja ragt.
Wer ab der Parkverwaltung zu Fuß ans Meer wandern möchte, braucht eine gute Kondition und reichlich Trinkwasser sowie Proviant, um bei Kräften zu bleiben. Unerlässlich ist Mückenschutzmittel. Der anstrengende Marsch dauert einige Stunden, und garantiert läuft auf dem kilometerlangen Weg durch tropische Trockenwälder und Buschwerk unterwegs der Schweiß in Strömen. Richtung Küste nimmt die Vegetation andere Züge an, dort finden sich auch Mangrovenwälder.

Eine viertelstündige Schlacht

In Zeiten, in denen noch gar nicht daran zu denken war, dass das Gebiet einmal als Nationalpark ausgewiesen würde, fand in der Gegend 1856 die Schlacht von Santa Rosa statt, die in die Geschichtsbücher des Landes Einzug gehalten hat. Dazu muss man sich zunächst den Gesamtzusammenhang vergegenwärtigen. Während der Regierungszeit von Costa Ricas Präsident Juan Rafael Mora Porras startete der US-amerikanische Abenteurer und Filibuster William Walker (1824–60) von Nicaragua aus den Versuch, Costa Rica zu unterwerfen. Walker war wie besessen von der Idee, Mittelamerika unter seine Herrschaft zu bringen. Das kleine Costa Rica schien ihm von seinen Truppen rasch einnehmbar, doch dies war eine krasse Fehleinschätzung. Präsident Mora stellte in kurzer Zeit eine Armee auf, die im März 1856 den Truppen Walkers entgegenzog. Am 20. März 1856 trug sich an der Hacienda von Santa Rosa eine legendäre Schlacht zu. Walkers Söldner sahen sich vom costa-ricanischen Heer zurückgedrängt und flüchteten nach Nicaragua. Die Kampfeshandlungen, bei denen knapp 20 Costa-Ricaner fielen, dauerten gerade einmal eine Viertelstunde.

Malerischer Sonnenuntergang am Strand von El Coco am Golfo Papagayo.

28 Tropisches Szenario – der Golf von Papagayo

Strandstimmung und Sonnenuntergänge

Am Golfo Papagayo verbinden sich das Blau des Pazifischen Ozeans, schöne Strände und eine üppige Vegetation zu einem traumhaften tropischen Szenario. Kein Wunder, dass die Region bei Besuchern hoch im Kurs steht steht. Das gilt auch für jene, die im Golf abtauchen wollen.

Im äußersten Nordwesten Costa Ricas locken am Golf von Papagayo und an der tief eingeschnittenen Bahía Culebra schöne Strände. Die Stadt Liberia und der dazugehörige internationale Flughafen dienen als Ausgangspunkte für eine Fahrt in Richtung Westen zu den Traumplätzen südlich des Nationalparks Santa Rosa, ob nun Playas del Coco, Playa Hermosa oder Playa Panamá. Südlichster Punkt an den Ausläufern des Golfs ist die Playa Ocotal.

Touristisches Potenzial

Auf der Landkarte sieht das Gebiet gänzlich abgeschieden aus, es ist jedoch touristisch sehr gut erschlossen. Playa Hermosa beispielsweise ist schon lange kein uriges Fischerdorf mehr – und doch ist der ganze Küstenabschnitt sehr reizvoll. Besucher genießen die Strandstimmung, die Sonnentage, das warme Wasser, den weiten Blick über das Meer und die bestechenden Sonnenuntergänge.

Für all jene, die über das Strandflair hinaus auf ein gewisses Freizeitangebot setzen, ist Playas del Coco eine gute Wahl. Hier gibt es Bars, Shoppingmöglichkeiten und auch Tauchanbieter. Immerhin gilt der Golf von Papagayo als ein Top-Spot der Unterwasserwelten Costa Ricas. Über 20 Tauchziele befinden sich in bequemer Bootsentfernung ab Playas del Coco, darunter Cabeza de Mono, Virador und Punta Argentina. Rochen, Haie, Muränen – hier sind sie alle vertreten. Für erfahrene Taucher geht's zu den Inseln Murciélagos und Catalina.

www.govisitcostarica.co.cr

29 Cowboyträume – Hacienda Guachipelín

Auf der Hacienda Guachipelín besteht ein reiches Freizeitangebot. Besucher können sich auch in den Sattel schwingen.

Ein weites Feld für Outdoor-Fans

Am Rand des Nationalparks Rincón de la Vieja bietet die Hacienda Guachipelín costa-ricanisches Rancho-Feeling. Unternehmungsfreudige Outdoor-Fans finden hier am Fuß des aktiven Vulkans Rincón de la Vieja ein vielfältiges Betätigungsfeld. Die Möglichkeiten reichen von Ausritten bis zum Tubing.

Hacienda, das klingt nach ländlicher Romantik und Idylle. Das mag stimmen, sofern man sich im Hotel einquartiert und abends die Aktivtouristen längst auf dem Heimweg sind. Doch den meisten Besuchern der Hacienda Guachipelín geht es darum, tagsüber bei den hier gebotenen Ausflügen die Natur zu erleben.

Natur, Sport und Entspannung

Outdoor-Fans haben hier die Qual der Wahl, zur Auswahl stehen unter anderem Tubing auf dem Río Negro, Ziplining durch die Baumkronen oder ein Ausritt zu einem kleinen tropischen Wasserfall, der willkommene Erfrischung bietet. Die Badesachen braucht man auch für entspannende Bäder in den natürlichen Schlamm- und Thermalbecken des Gebiets. Nachdem man sich mittags im Restaurant der Hacienda gestärkt hat, lockt ein Besuch im Schmetterlingsgarten und bei den Schlangen im Serpentarium.

Verlockend sind aber auch ein Ausflug zu den Wasserfällen am Río Negro oder Mountainbike-Touren – da kann man sich so richtig auspowern und gerät kräftig ins Schwitzen! Wer das traditionelle Landleben auf einer Hacienda hautnah erleben möchte, kann sich als Cowboy betätigen. Dazu gehört, die Kühe zu melken, in den Stallungen mitzuhelfen, die Pferde zu satteln und die Rinder auf den Weiden zu hüten. All dies in Begleitung echter Cowboys.

www.guachipelin.com

Romantiker finden am Strand von El Coco am Golfo Papagayo abends Gelegenheit zum Träumen.

Ungezähmte Natur – sogar mit Regenbogen – im Nationalpark Rincón de la Vieja (unten). Bei der Erkundung des Naturschutzgebiets hilft eine solche Brücke (rechts oben). Entspannung verheißen die Thermalwasserbecken (rechts unten).

30 Heißer Untergrund – Nationalpark Rincón de la Vieja

Schwefeldunst und Fumarolen

»Haut aus Wasser, Herz aus Feuer« – geradezu poetisch klingt die anschauliche Kurzbeschreibung, die sich die Nationalparkverwaltung für den Parque Nacional Rincón de la Vieja ausgedacht hat. In dem Schutzgebiet, das nach dem Vulkan Rincón de la Vieja benannt wurde, bilden Flüsschen, Wasserfälle, Bachläufe und heiße Quellen die »Haut«. Das feurige »Herz« ist dagegen der vulkanische Untergrund.

Der Parque Nacional Rincón de la Vieja beginnt 25 Kilometer nordöstlich der Stadt Liberia und ist in die zwei Sektoren Las Pailas und Santa María aufgeteilt. Das etwa 14 000 Hektar große Schutzgebiet bildet zusammen mit den Nationalparks Santa Rosa und Guanacaste sowie dem Wildschutzgebiet Bahía Junquillal das Área de Conservación de Guanacaste, das die UNESCO zum Weltnaturerbe ernannt hat.

Da der Nationalpark etwas abseits der üblichen Touristenwege liegt, ist er gemeinhin nicht überrannt. Er ist nicht mit öffentlichen Verkehrsmitteln zu erreichen, doch viele Hotels bieten einen Shuttleservice und diverse Reiseveranstalter komplette Ausflugsprogramme an. Am besten kommt man möglichst früh am Morgen, da der Park bereits am frühen Nachmittag für Besucher geschlossen wird. Im Sektor Las Pailas ist der Zugang zum Trail zu den Wasserfällen Catarata La Cangreja und Catarata Escondida gar nur bis mittags möglich. Generell gelten die Trockenmonate zwischen Dezember/Januar und April als beste Besuchs-

zeit. Achtung: Montags hat der Nationalpark geschlossen. Wer länger bleiben möchte, kann im Sektor Santa María zelten.

Im Mini-Yellowstone

Die markanten höchsten Erhebungen im Park sind der 1916 Meter hohe Gipfel Santa Maria und natürlich der 1895 Meter hohe Rincón de la Vieja. Er ist einer der aktivsten Vulkane des Landes und nachweislich schon an neun Stellen ausgebrochen. In den 1960er-Jahren rührte sich der Rincón de la Vieja mehrmals ganz erheblich, und bis heute hat er keine Ruhe gegeben. Die bislang letzten großen Aschewolken stieß er 2016 aus. Sobald sich der Vulkan zu aktiv zeigt, greifen die Sicherheitsmaßnahmen der Nationalparkverwaltung und wird der Park vorübergehend geschlossen. Aus Sicherheitsgründen ist zudem auch häufig der anstrengende Weg zum Vulkan gesperrt. Wer die Route bei einem Besuch gehen möchte, sollte sich im Vorfeld erkundigen, ob sie geöffnet ist. Das vulkanische Leben im Untergrund lässt sich beim Anblick der zahlreichen Fumarolen, blubberndem Schlammlöcher und Thermalquellen erahnen. Sie sind die Hauptattraktionen des Nationalparks, dessen »Herz aus Feuer« sich mitunter auch durch herben Schwefelgeruch bemerkbar macht. Besonders schöne Wege sind in der Sektion Las Pailas der Sendero Las Pailas und der Pfad zu den Wasserfällen Catarata La Cangreja und Catarata Escondida. Die kleinen Naturwunder haben Besucher schon von einem »Mini-Yellowstone« schwärmen lassen, in Anlehnung an den berühmten Yellowstone-Nationalpark in den USA.

Abwechslungsreiche Lebensräume

Der Nationalpark erstreckt sich in einer Höhe von wenigen Hundert bis zu knapp 2000 Metern und schützt eine große Bandbreite von Lebensräumen mit verschiedensten Tier- und Pflanzenzarten. Hier gedeihen Feuchtwälder und tropische Trockenwälder, wobei die Bäume oberhalb von 1400 Metern kleiner, häufig bemoost und mit Epiphyten besetzt sind. In niedrigen Höhenlagen stößt man auf den Guanacaste-Baum (*Enterolobium cyclocarpum*), den Nationalbaum Costa Ricas, der mit seinem kurzen Stamm und extrem breiter Baumkrone unverwechselbar ist. Vertreten sind zudem Lorbeergewächse, die Westindische Zedrele (*Cedrela odorata*) und der Weißgummibaum (*Bursera simaruba*), der im spanischen Volksmund auch *Indio Desnudo* – »nackter Indio« – heißt. Vielfältig ist auch die Tierwelt des Parks. Rund 300 Vogelarten wurden hier gezählt, darunter der Montezumastirnvogel, verschiedene Eulen- und Kolibriarten. Und natürlich sind auch Säugetiere vertreten, unter anderem mehrere Affenarten, Nabelschweine, Nasenbären, Tapire und Zweifingerfaultiere.

HEISSE BÄDER

Heiße Bäder im Thermalwasser gehören zu den angenehmsten Erlebnissen in der Umgebung des Nationalparks. Rincón de la Vieja bedeutet übrigens wörtlich übersetzt »Winkel der Alten« und geht vermutlich auf eine Legende der indigenen Chorotega zurück. Der Überlieferung zufolge hauste in diesem abgelegenen Winkel einst eine furchteinflößende Hexe, die darauf bestand, dass sie die Menschen mit Lebensmitteln versorgten, die sie ihr in Keramikgefäßen bringen mussten. Dies ging so lange gut, bis ein Schamane gegen die Hexe kämpfte und diese schließlich im Schlamm am Kratersee versank. Doch Besucher von heute brauchen keine Sorge zu haben! Kontrollierte Bäder in warmem Thermalwasser sind beispielsweise möglich. Dort kann man sich auch mit Heilschlamm einreiben.

WEITERE INFORMATIONEN

Nationales Naturschutznetz Sistema Nacional de Áreas de Conservación Costa Rica, www.sinac.go.cr

Blickfang in Cañas ist die Kirche mit ihrem separat stehenden Turm.

31 Sakrale Keramikkunst – Cañas

Ungewöhnliche Muster an der Panamericana

Verkehrstechnisch liegt das Städtchen Cañas strategisch günstig an der Panamericana, die Alaska mit Feuerland verbindet. Wer hier anhält, sollte sich unbedingt die auffällige Kirche im Zentrum ansehen.

Eigentlich fällt Cañas in die Kategorie »typisches Landstädtchen an der Kreuzung zu einer Überlandstraße«. Hier, an der Panamericana, geht es geschäftig zu. In der Regel ist es heiß und man sehnt sich nach Schatten – typisch für die Provinz Guanacaste. Doch etwas unterscheidet Cañas von den anderen Ortschaften der Region: die Kirche am Hauptpark.

Ein Gotteshaus als Kunstwerk

Costa Rica, wo sich etwa 70 Prozent der Bevölkerung zum katholischen Glauben bekennen, bietet so manch pompöses Gotteshaus, darunter die Wallfahrtsbasilika in Cartago und die Kathedrale in der Hauptstadt San José. Fernab von den großen Städten pflegt die Kirche von Cañas ihre ganz eigene Prachtentfaltung, die sie zum Unikat macht. Ihre Außenmauern sind zu einem großen Teil mit einem Belag aus Keramikstückchen überzogen, die wie ein Großmosaik bildliche Darstellungen und geometrische Muster ergeben. Besonders markant ist der farblich dezent gehaltene Dekor an der Hauptfassade und dem danebenstehenden Uhrturm, den ein Dachkreuz bekrönt. Das moderne Kunstwerk schuf der costa-ricanische Künstler Otto Apuy aus insgesamt 80 000 Teilen. Sicher, kaum jemand wird sich länger in Cañas aufhalten. Aber den Anblick der ungewöhnlichen Kirche sollte man sich nicht entgehen lassen – zumindest von außen, denn der Innenraum mit dem Kreuz über dem Altar ist vergleichsweise nüchtern gehalten. Im Gegensatz zur kunstvollen Fassadengestaltung ist er für Besucher kein »Muss«.
www.govisitcostarica.com

32 Vogelreich – Nationalpark Palo Verde

Der Nationalpark Palo Verde eignet sich hervorragend für Vogelbeobachtungen.

Tierische Vielfalt am Río Tempisque

Der Nationalpark Palo Verde liegt südwestlich von Cañas und erstreckt sich bis zum Ostufer des Río Tempisque. Das Schutzgebiet zeichnet sich durch tropische Trockenwälder und eine artenreiche Tierwelt aus.

Birdwatcher, aufgepasst! Der Nationalpark Palo Verde ist ein Mekka für Hobby-Ornithologen. Der Park grenzt an die Flüsse Bebedero und Tempisque und geht im Nordwesten in das Refugio Nacional de Fauna Silvestre Dr. Rafael Lucas Rodríguez über. Auf einer Gesamtfläche von annähernd 20 000 Hektar findet sich hier vor allem in der Trockenzeit eine der dichtesten und größten Wasservogelpopulationen in ganz Costa Rica.

Überflutungen in der Regenzeit

Der Nationalpark trägt den Namen eines Baums, der auf Spanisch als *Palo verde*, in der Wissenschaft als *Parkinsonia aculeata* und auf Deutsch als Jerusalemsdorn bekannt ist. Er zählt zu einer Unterfamilie der Johannisbrotgewächse, ist dornig und trägt gelb-orangerote Blüten. Die Landschaft des Schutzgebiets ist von Sümpfen und kleinen Lagunen geprägt, die in der tropischen Trockenwaldzone Lebensräume für eine facettenreiche Tierwelt bieten. Forscher haben allein einige Hundert Vogelarten registriert, darunter Reiher, Tukane, Papageien, Rosalöffler, Braune Sichler und Amerikanische Schlangenhalsvögel. Zudem leben hier Gürteltiere, Nasenbären, Brüll- und Kapuzineraffen – und im Río Tempisque Kaimane.

Die Erhebungen im Park sind äußerst gering und kaum der Rede wert. Es empfiehlt sich nachdrücklich, den Palo Verde in der Trockenzeit zwischen Dezember und März zu besuchen. In anderen Monaten können Teile des Schutzgebiets überflutet sein.

www.conozcacostarica.com/parques/palo-verde.htm

33 In den Wetlands – am Río Tempisque

Im feuchten Reich der Wildtiere

Die dünn besiedelten Gebiete südlich der Flussufer des Río Tempisque sind klassische Wetlands: Feuchtgebiete mit einem hohen Anteil an Wildtieren, vor allem an Vögeln. Die artenreiche Fauna ist das schlagende Argument für einen Besuch. Die Region wird auch zur Viehzucht genutzt – auch wenn es während der Regenzeit regelmäßig zu Überflutungen kommt.

Auf der Rancho Humo findet man nicht nur eine feudale Unterkunft (unten), sondern kann im geländegängigen Fahrzeug zu Touren über Land starten (rechts oben). Die Vogelwelt in den Feuchtgebieten ist äußerst vielfältig (rechts unten).

Wer von der Panamericana aus kommt, die moderne Brücke passiert (unterhalb derer der Río Tempisque in den Golf von Nicoya mündet) und dann rechts abbiegt, durchfährt spärlich besiedelte Gebiete mit ländlichen Ortschaften. Es ist eine Welt der Farmen, Maisfelder und Rinderweiden. Kleine Anwesen liegen verstreut. Zuweilen tragen sie Parabolantennen auf dem Dach. Davor stehen Schaukelstühle auf Terrassen. Oder Hängematten sind gespannt. Nahe dem Örtchen Puerto Humo, in dem es eine Schule, eine kleine Kirche und ein Fußballfeld gibt, führt eine Abzweigung rechts zur Rancho Humo Estancia. Willkommen in der Einsamkeit! Die Ranch etikettiert sich als »Öko-Boutiquehotel« und ist eine echte Top-Adresse, eingefasst in ein 1100-Hektar-Terrain. Ab der Anlage führen Erkundungsfahrten in geländegängigen Wagen durch die tierreichen Feuchtgebiete und bis an die Flussufer des Río Tempisque, wo man aufs Boot umsattelt.

Eine typische Geschichte des Umdenkens

Die Geschichte der heutigen Rancho Humo Estancia steht als typisches Beispiel für einen

costa-ricanischen Tourismus, der auf Nachhaltigkeit setzt. 2005, als William J. Salom und seine Familie die Ländereien erwarben, planten sie ausschließlich den Aufbau einer Rinderzucht. Doch bald wurde ihnen klar, dass sich hier, umgeben von Wetlands sowie dem Río Tempisque und dem Nationalpark Palo Verde in der Nähe, zusätzlich ein ganz anderes Potenzial verbarg. Ein Potenzial, das wie geschaffen war, um es für sanften Ökotourismus nutzbar zu machen. Dabei galt es, die Balance zu halten zwischen Wirtschaftsinteressen (inklusive der Rinderzucht auf teils verlassenen Weidegründen) und dem Erhalt der Feuchtgebiete, die andernorts in Costa Rica durch menschliche Eingriffe verschwunden waren. 2015 feierte die Rancho Humo Estancia offizielle Eröffnung.

Überflutungen in der Regenzeit

Charakteristisch für die umliegenden Feuchtgebiete sind Überschwemmungszonen, die in der Regenzeit überflutet werden. Dann stehen Bäume und Zäune komplett im Wasser, während sich die Rindviecher in trockenere Lagen retten und höher gelegene Pisten auf einer Art von Deichen mittendrin noch passierbar sind. Die Grüngürtel reichen bis zum Río Tempisque. Sieht man von der Ruhe im Einklang mit der Natur ab, sind ab der Rancho Humo Estancia die Ausflüge unter fachkundiger Begleitung absolute Highlights. Zum einen steht eine Ausfahrt im geländegängigen Fahrzeug durch die Wetlands auf dem Programm. Zum anderen ist eine Bootsfahrt über den Río Tempisque mit einer Vorbeifahrt am Ort Puerto Humo und einer Umrundung der »Vogelinsel«, Isla de los Pájaros, möglich. Wobei es überall gilt, reichlich Insektenschutzmittel aufzulegen, will man den Moskitos nicht als lebender Nahrungsspender dienen. Leider zählen auch Mücken in dieser Gegend zum »Wildlife« wie die zahlreichen Vögel. Prägnante Vertreter der Vegetation sind Mangroven in den Flussuferbereichen sowie im Inland Parkinsonien, auf Spanisch »Palos verdes«, dornige, gelb blühende Bäume.

Der Río Tempisque und die Feuchtgebiete sind Lebensräume von Krokodilen, Waldstörchen, Kormoranen, Truthahngeiern, Papageien, Ibissen, Reihern und Löfflern. Fast spektakulärer als die Montezumastirnvögel sind deren wie Flaschenkürbisse geformte, herabhängende Nester. Und der Anblick von Leguanen wird rasch zur lieben Gewohnheit.

FEUDALER UNTERSCHLUPF

Zehn Wohneinheiten, vom Standardzimmer bis zur Familiensuite, geben feudalen Unterschlupf auf der Rancho Humo Estancia. Klimaanlage, Privatbad, Terrassen, drahtloser Internetempfang, bestens gefederte Betten und samtweiche Plumeaus gehören zum Komfort in der Einsamkeit. Für das Wohlfühlambiente sorgen überdies der Service mit geschultem Personal, die mit Kunstwerken ausstaffierten Gemeinschaftsräume im Haupthaus, das Restaurant, der kleine Pool und die Ausblicke in die Facetten des Grüns. Der erlesenen Atmosphäre entsprechen selbstverständlich die exklusiven Preise. Bei den organisierten Ausflügen ab der Rancho Humo Estancia tauchen Gäste in die umliegenden Ökosysteme mit ihrer faszinierenden Tierwelt ein. Gewöhnlich ist eine Tour durch die Wetlands im Übernachtungspreis enthalten.

WEITERE INFORMATIONEN

Rancho Humo Estancia,
Tel. 506-269 811 97,
www.ranchohumoestancia.com

34 Die tiefe Bucht – der Golf von Nicoya

Beim Flug über den Golf von Nicoya erhält man einen besonders guten Überblick (oben). Rundherum erstrecken sich typische Viehzuchtgebiete (rechts unten).

Ein Inselreich samt Hafenstadt

Der Golf von Nicoya ist die größte Meeresbucht an Costa Ricas Küsten. An der Pazifikseite zieht er sich wie ein tiefer Einschnitt weit ins Landesinnere und trennt die Halbinsel Nicoya vom Festland der beiden Provinzen Guanacaste und Puntarenas. Am Eingang des von Inseln gesprenkelten Gewässers liegt auf einer schmalen Landzunge die bedeutende Hafenstadt Puntarenas.

Einsame Landstriche mit Mangroven, Überschwemmungs- und Trockenwäldern grenzen an den Golf von Nicoya, wo sich Süß- und Salzwasser miteinander vermengen. Außer dem Río Tempisque, dessen Mündungsgebiet im äußersten Nordwesten des Gewässers liegt, strömen unter anderem der Río Morote, der Río Lagarto, der Río Aranjuez und im tiefen Südosten der Río Grande de Tárcoles in die riesige Bucht.
Am Pazifik beginnt der Golf auf Höhe des Cabo Blanco im Westen und der Playa Jacó im Osten. Im Umland spielt Rinderzucht eine wichtige Rolle. Die modernen Cowboys sitzen aber nicht mehr nur auf Pferderücken, sondern behelfen sich mitunter auch mit Mountainbikes, um die kleinen Rinderherden über die staubige Landschaft zu treiben.

Ausflugsziele in der Inselwelt

Im Golfo de Nicoya, wie er auf Spanisch heißt, liegen zahlreiche Inseln unterschiedlichster Größe. Nicht alle sind öffentlich zugänglich, um die zahlreichen Seevögel zu schützen, die hier vertreten sind, darunter Pelikane, Kormorane, Löffler, Reiher und Fregattvögel. Bewohnt ist allerdings die größte Insel im Golf, die Isla de Chira. Rund um andere Inseln wird es allerdings unruhig, sobald sich Zweibeiner in Booten nähern – beispielsweise an der Isla

San Lucas. Auf der Insel waren einst Strafgefangene interniert, zu literarischen Ehren kam sie durch José León Sánchez. Sánchez, der 1929 in der Provinz Puntarenas geboren wurde, ist einer der maßgeblichen costa-ricanischen Schriftsteller des 20. Jahrhunderts – und war lange Jahre auf der Isla San Lucas inhaftiert. Ob zu Recht oder Unrecht, sei dahingestellt. Verurteilt wurde er für einen schweren Raub in der Basílica de los Ángeles in Cartago, dem man ihm zur Last legte – doch lange Jahre später wurde das Gerichtsurteil revidiert und León Sánchez als unschuldig eingestuft. Unter Kennern gilt die Isla Tortuga, deren indigener Name Tolinga lautet, als die schönste Insel im Golf von Nicoya. Die »Schildkröteninsel« lockt mit weißem Sand, tropischem Trockenwald, Bade- und Schnorchelmöglichkeiten und wird von vielen Veranstaltern mit Jachten angefahren.

Das Comeback von Puntarenas

Im 19. Jahrhundert war Puntarenas lange Zeit Costa Ricas wichtigster Hafen. Von dort gingen Kaffee und sonstige Agrarprodukte in den Export. Mit dem Bau der Eisenbahn von San José nach Puerto Limón verlor die Stadt jedoch an Bedeutung. Seit einiger Zeit erlebt Puntarena nach einer wechselvollen Geschichte mit Höhen und Tiefen ein Comeback. Kreuzfahrtschiffe laufen ein, Jachten legen zu den Inseln ab. Und über den Golf von Nicoya schippern Fähren nach Paquera auf die Halbinsel von Nicoya. Besucher sollten sich für Puntarenas die Beachfront-Promenade vormerken, den Paseo de los Turistas, der zum Flanieren und Ausruhen einlädt. Zur offenen Golfseite hin zieht sich auch ein langer Strand. Wichtiger Termin ist alljährlich der 16. Juli. Dann begeht Puntarenas den Marienfesttag der Jungfrau des Meeres, der Virgen del Mar.

ROYAL HEIGHTS HOTEL

Das Royal Heights Hotel liegt an der Südseite des Golfs von Nicoya in der Ortschaft Jicaral etwa 20 Kilometer nordwestlich von Playa Naranjo.
Bei den Zimmern gibt es fünf verschiedene Kategorien: vom Standardzimmer über ein Appartement mit Balkon bis zum Zwei-Zimmer-Haus, das mit Küchenvorrichtungen samt Kühlschrank eingerichtet ist und sich für ein Maximum von vier Personen eignet. Für Annehmlichkeiten im Hotel sorgen das Restaurant, die Bar, der Außenpool und die grünen Außenanlagen mit ihren Wiesenflächen, Bäumen, Sträuchern und Blumen. In der Ferne zeichnet sich das Meer ab, auch aus manchen Zimmern; bei anderen Zimmern beschränkt sich die Aussicht auf den Garten. Wer mit dem eigenen Wagen anreist, findet eine kostenlose Parkmöglichkeit; dies braucht man nicht zu reservieren. Gratis ist auch WLAN in den Gemeinschaftsräumen.

WEITERE INFORMATIONEN

Royal Heights Hotel, Tel. 506-837 439 55, www.royalheightshotel.com
Inselausflüge, www.bayislandcruises.com
Fährverbindungen, www.navieratambor.com

35 Auf Höhlentour – Nationalpark Barra Honda

Löchrig wie ein Schweizer Käse

Und ab in den Untergrund! Höhleneindrücke machen den Reiz im Nationalpark Barra Honda aus. Das Gebirge, das auf der Halbinsel von Nicoya aufsteigt, ist so löchrig wie ein Schweizer Käse. Wer nicht gut in Form ist und Höhenangst hat, ist bei der Entdeckungstour unter der Erde fehl am Platz. Abenteurer der Moderne wird's umso mehr freuen.

Im Nationalpark Barra Honda mit seinem Kalksteingebirge befindet man sich in einem geologisch höchst interessanten Gebiet. Die Gebirgszüge sind weit mehr als 60 Millionen alt und von Erosion betroffen. Sie basieren auf einstigem Meeresgrund mit Korallenriffen und steigen einige wenige Hundert Meter auf. Im Innern verbirgt sich ein verzweigtes Netz aus Höhlen, das erst ab den späten 1960er-Jahren entdeckt wurde. Das mit 2300 Hektar eher kleine Schutzgebiet liegt im Nordostteil der Halbinsel Nicoya. Seine Landschaft ist von tropischem Trockenwald geprägt, in dem Kojoten, Ameisenbären, Affen und Gürteltiere leben.

Wer von Costa Ricas Zentralland im eigenen Fahrzeug anreist, kommt auf schnellstem Weg über die Brücke über den Río Tempisque zum Nationalpark. Das nächstgelegene Städtchen ist Nicoya, das bei der Besiedlung zu Kolonialzeiten eine wichtige Rolle spielte.

Spektakuläre Tropfsteinformationen

Die Höhlen sind in der Regel nicht miteinander verbunden, weisen jedoch gemeinsame charakteristischen Elemente auf: Stalagmiten, Stalaktiten und weitere spektakuläre Formationen, die die Fantasie ihrer Betrachter inspirieren. »Haifischzähne«, »Speerspitzen«, »Spiegeleier«, »Champignons« und eine große

Ein Highlight im Nationalpark Barra Honda ist die Terciopelo-Höhle (unten, oben rechts) mit ihren faszinierenden Formationen. Gegenpol zur Natur ist das Städtchen Nicoya, wo gelegentlich kleine Volksfeste steigen, hier zu Ehren der Jungfrau von Guadalupe (rechte Seite unten).

»Orgel« – all das lässt sich mit einiger Vorstellungskraft in den Tropfsteingebilden erkennen. Die Grotten, darunter La Trampa (»Die Falle«) und die mit annähernd 250 Metern besonders tiefe Höhle Santa Ana, sind nur über senkrechte Zugänge zu erreichen. Dies hat zu ihrem Schutz und guten Erhalt beigetragen. Bis heute sind einige Höhlen noch immer unerforscht. Sie bieten Lebensraum für Fledermäuse, allein in der hierfür besonders bekannten Höhle Pozo Hediondo leben einige Tausend Exemplare. In der Höhle Nicoa haben Wissenschaftler menschliche Überreste und Utensilien aus präkolumbischer Zeit gefunden.

Ab in die Tiefe

Maßgeblich für Besucher des Parque Nacional Barra Honda ist die Höhle Terciopelo, zu der eine rund einstündige Wanderung führt. Übersetzt bedeutet der Name eigentlich »Samt«, doch gemeint ist in diesem Fall die Terciopelo-Lanzenotter (*Bothrops asper*). Ein totes Exemplar dieser Schlangenart wurde nämlich bei der Erstentdeckung auf dem Höhlenboden gefunden.

Hinein geht es in die Höhle Terciopelo einzig im Rahmen von Führungen, wobei Sicherheit oberste Priorität hat und meist zwei Guides gefordert sind. Denn beim Abstieg wird man auch von oben her mit Bergsteigergurten gesichert. Die Unternehmung ist wirklich abenteuerlich und hat ihren Schwierigkeitsgrad, der für entsprechende Adrenalinausschüttungen sorgt. Man muss sportlich und fit sein und darf keine Angst vor Abstiegen und Abhängen haben. Tief im Innern ist die Höhle klein, aber fein – und meistens extrem rutschig. In der Finsternis wird man für adäquates Schuhwerk und die aufgesetzte Stirnlampe dankbar sein.

Eine überraschende Perspektive

Das Unternehmen, Costa Rica aus ebenso ungewohnter wie überraschender Perspektive in der Unterwelt zu erleben, ist die Anstrengung wert und dürfte kaum jemanden enttäuschen. Man kommt richtig auf den Höhlengeschmack. Zurück an der Oberfläche, komplettieren Rinderweiden, Strände und Buchten die unterschiedlichen Eindrücke auf der Halbinsel Nicoya.

DAS STÄDTCHEN NICOYA

Das Städtchen Nicoya trägt den Namen eines Stammesführers der Chorotega, die die weißen Eroberer im 16. Jahrhundert noch herzlich willkommen hießen – ehe es zur kulturellen Überlagerung kam. Dazu zählte die Einführung des Christentums, das in Nicoya 1644 seinen Ausdruck in der Gründung einer Pfarrei und im Bau der Kirche fand. Das helle Gotteshaus, die Iglesia de San Blas, wurde dem heiligen Blasius geweiht und gilt als eines der ältesten Kolonialbauwerke in Costa Rica. Der Glaube findet bis heute in religiösen Volksfesten seinen Ausdruck. So steigt in Nicoya um den 3. Februar, den Sankt-Blasius-Tag, eine große Fiesta. Wichtig im Jahreskalender ist auch der Mariengedenktag der Virgen de los Ángeles am 2. August. Bei diesen und den Feierlichkeiten zum Unabhängigkeitstag am 15. September dürfen kulinarische Spezialitäten natürlich nicht fehlen.

WEITERE INFORMATIONEN

http://nicoyapeninsula.com/barrahonda/barrahonda.php

Tamarindo gilt als echtes Paradies für Surfer (oben). Doch auch wer sich ohne Brett fortbewegt, kann das Strandleben genießen (rechts unten).

36 Strand und Palmen – Tamarindo

Ein Klassiker unter den Zielen

In Costa Ricas Nordwesten, der Pazifikregion Guanacaste, dehnt sich ein sanftes grünes Hügelland bis zur Küste und den dortigen Stränden aus. Bei Besuchern hoch im Kurs steht Tamarindo, das dank der langen Sandweiten seiner Bucht zu einem Klassiker unter den Reisezielen des Landes avanciert ist. Hier finden auch Surfer und Stand-up-Paddler ihre Reviere und stürzen sich in die Fluten.

Tamarindo steht für den nördlichen Auftakt der Strände auf der Halbinsel Nicoya und nimmt wegen seiner Popularität eine Sonderstellung ein. Es ist als Top-Stranddestination landesweit ein Begriff. Das beste Argument ist in der Tat die herrliche, lang geschwungene Bucht. Der Einstieg ins Wasser ist sanft, doch Schwimmer sollten Vorsicht walten lassen und Hinweise beherzigen, die vor gefährlichen Strömungen warnen. Also: Wagen Sie sich keinesfalls zu weit hinaus!

Feuchtgebiet mit Mangrovenforst

Der palmengesäumte Strand von Tamarindo erstreckt sich nach Norden hin bis zu einem ökologisch bedeutenden Feuchtgebiet, das unter Naturschutz steht. Durch den *estuario*, den Mangroven und tropischer Trockenwald prägen, werden Bootstouren angeboten. Ein Klassiker ist eine etwa zweistündige Ausfahrt am Morgen, eine ideale Tageszeit, um Wasservögel, Affen und andere Tiere zu beobachten. Auf der anderen Seite des Gebiets beginnt der »Große Strand«, die Playa Grande.
Außerhalb der bebauten Zonen finden sich in diesen Küstenregionen am Pazifik immer wieder Meeresschildkröten zur Eiablage ein. Bucht man in Tamarindo eine Ausflugstour, sollten Gäste bei ihrem Schildkröten-Abenteuer unbedingt darauf achten, dass die Tierschutzbe-

stimmungen eingehalten werden. Schließlich sollen die Schildkröten, für die die Eiablage eine immense Anstrengung darstellt, durch die menschlichen Beobachter nicht bedrängt oder traumatisiert werden.
Südlich von Tamarindo ist hinter einer Landspitze die Playa Langosta gelegen. Hier geht es deutlich geruhsamer zu.

Von Surfen bis Beach-Walking

Tamarindos Strand ist leicht zugänglich und multifunktional. Hier kann man sich zum Stand-up-Paddling oder mit dem Surfbrett auf das Wasser begeben, Sonnenbäder nehmen oder bei Ebbe zum ausgedehnten Beach-Walking aufbrechen. Auch Jogger nutzen den harten Sanduntergrund bei Niedrigstand des Meeres, wobei es vereinzelt gilt, angespülten Kokosnussstücken auszuweichen. Draußen auf dem Wasser liegen Jachten vor Anker, der Blick fällt auf ein vorgelagertes Inselchen. Beachbars verlocken zu einem Drink, große Transparente weisen auf Angebote von Surfstunden und Materialverleih. Und Boutiquen und Angebote wie »Der beste Beauty Spa in der Stadt« richten sich an moderne Traveller, die keineswegs der Geiz-ist-geil-Mentalität verpflichtet sind. Während des Tages gehen fliegende Händler am Strand mit Armbändchen und anderen Souvenirs auf Kundenfang, abends flimmern hinter der Bucht bunte Glühlampen von Restaurants und chilligen Cocktailbars. All das gehört zur typischen, stimmungsvollen Atmosphäre in Tamarindo und unterscheidet den Spot von anderen.

Position beziehen zum Sonnenuntergang

Dass Tamarindo einst ein Fischernest war, ist längst Geschichte. Mittlerweile ist der Tourismus ausgiebig zu seinem Recht gekommen, was bis heute nicht zuletzt an sonnenhungrigen Nordamerikanern liegt. In Tamarindo kommen Urlaubsgefühle unter Palmen wie aus dem Hochglanzprospekt auf. Kein Wunder, bei der Vorzeigeansicht dieses Strandes. Hier atmet man die warme Brise ein, verfolgt die Pelikane bei ihren Sturztauchmanövern und bezieht irgendwann Position, um die Sonnenuntergangsstimmung zu genießen. Denn die wird man in Tamarindo nicht vergessen.

QUARTIERE IN TAMARINDO

Einer Vorzugslage am Strand rühmt sich das Tamarindo Diria Beach Resort, bei dem man nicht am falschen Ende sparen sollte, sprich: Zimmer nach hinten heraus buchen und Straßenlärm mitbekommen. Der Blick nach vorn durch den Palmenhain aufs Meer versetzt erst richtig in Ferienstimmung. Der Vier-Sterne-Hotelblock ist zwar extrem in die Breite gezogen, doch die Bebauung ist niedrig gehalten, deutlich unter Palmenhöhe.
Beliebt ist auch das Capitán Suizo, ein Beachfront-Boutiquehotel. Sein Schmuckstück ist der tropische Garten mit eingefasstem Pool. Es gibt verschiedene Zimmertypen. Ausdrücklich legen die Besitzer hier Wert auf Nachhaltigkeit. Es gibt auch einen Surfbrettverleih und Möglichkeiten, an unterschiedlichen Ausflügen teilzunehmen.

WEITERE INFORMATIONEN

http://nicoyapeninsula.com
Tamarindo Diria Beach Resort, Tel. 506-403 200 32, www.tamarindodiria.com
Capitán Suizo, Tel. 506-265 300 75, www.hotelcapitansuizo.com

Wie geschaffen für Individualisten sind die Strände bei Montezuma (oben). Und wenn man sich dann noch, wie am Strand von Samara, an den vorbereiteten Tisch setzt und den Ausblick aufs Meer genießt, ist das Urlaubsfeeling perfekt (rechts).

37 Herrliche Strände – die Halbinsel Nicoya

Antrieb für den Entdeckergeist

Auf der Halbinsel Nicoya meint es die Natur außerordentlich gut mit Strandliebhabern. Wie an einer Perlenkette reihen sich hier die Playas aneinander – zumindest beim Blick auf die Landkarte. In der Praxis können die Fahrten von Beach zu Beach langwierige Schleifen durchs Hinterland erfordern. Das treibt den Entdeckergeist aber erst richtig an.

Costa Rica bringt es auf pazifischer Seite auf über tausend Küstenkilometer, wovon ein großer Teil auf die Halbinsel Nicoya entfällt. Strände finden sich in einer riesigen Auswahl und reichen von stark frequentierten, leicht zugänglichen Spots wie Tamarindo bis zu versteckten Beach-Zwergen, wo sich unter Palmen die Hängematte aufspannen lässt. Verschandelungen durch Industrieanlagen und größere Städte sind zum Glück Fehlanzeige auf der Halbinsel. Über den Fremdenverkehr hinaus sorgen Viehzucht und Landwirtschaft für Einnahmequellen. Der größere Nord- und Westteil der Halbinsel gehört zur Provinz Guanacaste, der Süden zur Provinz Puntarenas. Zu beachten ist an den Pazifikstränden, dass sie bei Flut weitestgehend vom Wasser eingenommen werden. Wer sein Handtuch im Sand ausbreitet und irgendwann zurückkehrt, läuft Gefahr, es nicht mehr wiederzufinden. Apropos Gefahren, und zwar richtige – in dieser Hinsicht bedarf es ein paar offener Worte.

Auf die Gefahren achten

Bevor sich Schwimmer Abkühlung verschaffen, sollten sie unbedingt Einheimische nach kritischen Stellen fragen. Organisierte Wasserwachten im europäischen Stil darf man allgemein nicht erwarten. Der Pazifik kann seine Tücken haben, beispielsweise versteckte Felsen oder eine unfreundliche Meeresfauna. Vor allem Strömungen sind brandgefährlich.

Am Strand von Samara kann man entspannt liegen oder Entdeckungen mit 1 PS in Angriff nehmen (unten). Bei Fahrten auf Küstenstraßen, hier bei Tambor, wirbelt schon mal Staub auf (ganz unten). Feine Symmetrie mit Surfbrettern am Stand von Samara (rechts oben).

Nicht umsonst hat das costa-ricanische Fremdenverkehrsamt dazu eine Informationsbroschüre herausgegeben. Wird man plötzlich von einer Strömung erfasst, die einen hinaus aufs Meer treibt, sollte man keinesfalls versuchen, direkt dagegen anzuschwimmen, heißt es darin. Dann gilt es, nach Möglichkeit seitwärts zu schwimmen oder zumindest parallel zum Strand. Falls die Kraft nicht reicht, lässt man sich zunächst einmal treiben, um sich weiter draußen zu befreien, so einer der Ratschläge. Die Kraft der Strömung nimmt Richtung Meer ab, und Helfer haben in der Zwischenzeit die Möglichkeit, zu agieren.

Größer als man denkt

Die Halbinsel Nicoya stößt im Westen und Süden ans offene Meer und im Osten an den Golf von Nicoya. In der riesigen Bucht, in die der Río Tempisque und andere Flüsse münden, liegen außer der populären Isla Tortuga noch eine ganze Reihe weiterer Inseln. Das Klima ist tropisch, und mitunter kann es extrem heiß werden. Die meisten Regenfälle gehen in der Region zwischen September und November nieder.

Nicht zu unterschätzen sind die beachtlichen Entfernungen. Vom nördlichen Tiefland bis zur Südspitze der Halbinsel, die das »weiße Kap« Cabo Blanco markiert, sind es etwa 100 Kilometer – und zwar Luftlinie. Schnellstraßen gibt es nicht. Auf Pisten, die zuweilen mit Schlaglöchern übersät sind, ist oft nur langsames Fortkommen möglich. Als Faustregel gilt deshalb: Je weiter südlicher die Fahrt geht, desto mehr Zeit ist einzuplanen. Angesichts des Zustands der Straßen ist zudem von Fahrten bei Dunkelheit dringend abzuraten.

Die meisten Besucher kommen auf der Halbinsel entweder mit einer der Fähren ab Puntarenas in Paquera an oder sie fahren über die moderne Brücke Puente de Amistad, die den Río Tempisque überspannt. Dorthin führt in der Nähe von Limonal eine Abzweigung ab der Panamericana.

In präkolumbischer Zeit existierte zwischen der Halbinsel Nicoya und dem Nicaragua-See ein größeres Staatsgebilde der Chorotega, die ursprünglich aus dem südlichen Mexiko gekommen waren. Nennenswerte archäologische Zeugnisse haben sich nicht erhalten, doch zumindest hält Keramik im Chorotega-Stil die Erinnerung aufrecht. Bei der Fertigung orientieren sich die heutigen Künstler an traditionellen Techniken, Formen und Farben.

Vielfältige Möglichkeiten

Auf der Halbinsel wechselt sich Flachland mit Hügelgebieten ab. Mitunter grenzen die Erhebungen mit dichter Vegetation direkt an die See. Dann wieder steht man an Palmenstränden wie aus dem Bilderbuch.
Unterschiedlich wie die Landschaft ist die touristische Infrastruktur. Bei den Unterkünften in Strandorten reicht die Spanne vom Luxusresort bis zum einfachen Hostel für Low-Budget-Traveller, bei den Restaurants von der austauschbaren Pizzeria bis zum Familienbetrieb mit fangfrischem Fisch. Je nach Besucherströmen und Geschäftssinn fahren Sport- und Freizeitveranstalter die unterschiedlichsten Angebote auf. Das können Ausritte und Kajaktouren sein, Bootsausfahrten, Tauch- und Schnorcheltrips, Ziplining, Vogelbeobachtung, geführte Wanderungen zu versteckten Wasserfällen im Hinterland. Je nach Gegend spielt zudem das Surfen eine wichtige Rolle. Dort, wo der Mensch noch nicht Fuß gefasst hat, finden sich Meeresschildkröten zur Eiablage ein. Bedeutend sind in dieser Hinsicht das Naturschutzgebiet Refugio de Vida Silvestre Ostional, aber auch der Nationalpark Barra Honda, das Tierschutzgebiet Curú und das Naturschutzgebiet um das Cabo Blanco. Krabben, Affen, Fregattvögel und Pelikane werden mancherorts zum gewohnten Anblick.

Der passende Strand

Wegen ihres touristischen Potenzials sind die Strände der Halbinsel Nicoya schon als »Goldküste« tituliert worden. Manches ist jedoch provinziell und bodenständig geblieben. Bleiben die Fragen: Welche Strände gibt es, welcher Strand passt zu wem? Den klassischen Top-Strand, den man unbedingt gesehen haben muss, bevor man stirbt, gibt es nicht. Dazu haben zu viele Strände ihre Reize. Gleichwohl ist ein Strand wie die Playa Carrillo, eine wahre Postkartenschönheit, herauszustellen. In und um Nosara und Sámara zeigt man sich bestens auf Besucher eingestellt, ebenso in Montezuma. Die kilometerlange Playa Junquillal ist für Beachwalker geeignet. Strände wie Playa Negra, Playa Avellanas und Playa Guiones ziehen Surfer an, während man an der Playa Blanca die Schnorchelmaske aufsetzt. Auch tief im Süden der Halbinsel in Malpaís, nicht weit vom Cabo Blanco entfernt, tummeln sich gerne Surfer. Malpaís ist außerdem genau der richtige Platz für jene, die abgeschiedene Orte lieben, die sich eine größtmögliche Authentizität bewahrt haben.

DIE PLAYA SÁMARA

Die Playa Sámara zählt zu den attraktivsten Zielen auf der Halbinsel Nicoya, auch für die Costa-Ricaner selbst. Hier kann man das Strandleben an einer langen Sandbucht mit häufig kristallklarem Wasser, Kokospalmen und anderen schattenspendenden Bäumen zutiefst genießen. Unterkünfte, Strandbars und Restaurants sind in ausreichender Zahl vorhanden. Wer gerne aktiv ist, schwingt sich aufs Surfbrett. Der Ort selbst ist mit öffentlichen Verkehrsmitteln erreichbar, gut überschaubar und bietet alles Nötige zur Versorgung. Strandleben und Bildung lassen sich in Sámara übrigens gut kombinieren, denn an der Sprachschule Intercultura kann man Spanisch lernen. Sámara bietet im Vergleich zu anderen Ferienorten noch einen Vorteil: Hier kann man gefahrlos baden und schnorcheln, da der Bucht ein großes Riff vorgelagert ist.

WEITERE INFORMATIONEN

http://nicoyapeninsula.com;
www.interculturacostarica.com

Im Tierschutzgebiet Curú sind Weißschulter-Kapuzineraffen und vielerlei mehr Tiere heimisch.

38 Klein, aber oho! – Tierschutzgebiet Curú

Frederico Schutts Vermächtnis

Auf kleinen Raum beherbergt das Refugio Nacional de Vida Silvestre Curú eine Vielzahl von Ökosystemen und eine artenreiche Tierwelt. Es liegt im extremen Südosten der Halbinsel Nicoya.

In Zeiten, in denen kaum jemand tiefere Gedanken an Respekt gegenüber der Natur verschwendete, trat ein Farmer in Aktion, Federico Schutt, und legte 1933 den Grundstein zu diesem Naturschutzgebiet. Laut Überlieferung soll er dafür seinerzeit 12 000 Colones bezahlt haben, was nach heutiger Umrechnung ein paar Handvoll Dollar entspricht. Schutts umweltbewusstes Handeln machte ihn zu einem Pionier jener Epoche. Aus dem Gelände ist ein Schutzgebiet hervorgegangen, das zu Beginn der 1980er-Jahre staatliche Anerkennung erfuhr.

Anschauungsunterricht der Natur

Im Refugio Nacional de Vida Silvestre Curú, so der vollständige spanische Name des Tierschutzgebietes, gibt die Natur regelrecht Anschauungsunterricht. Diese Meinung vertreten auch Experten. Die Biodiversität reicht von Wäldern über Mangroven bis zum typischen Pazifikstrand. Wiederaufforstungsmaßnahmen spielen ebenfalls eine Rolle. In Strandnähe lässt sich in einfach ausstaffierten *cabinas* übernachten, allerdings sollte man daran denken, sie schon weit vorab zu reservieren.
Wege laden ein, die Tier- und Pflanzenwelt auf Spaziergängen ausgiebig zu entdecken. Laut einer Aufstellung kommen allein über 230 Vogelarten vor. Und auch die übrige Vielfalt kann sich sehen lassen, jeweils mit einigen Dutzend Arten an Reptilien und Säugetieren. Hier lassen sich Brüllaffen und Nasenbären gleichermaßen sichten wie Goldhasen, Eidechsen, Waschbären und Weißschulter-Kapuzineraffen.
www.turismocuru.com

39 Alternativ im Trend – Montezuma

Montezuma gilt als ein Evergreen unter den Urlaubszielen am Pazifik.

Relaxen am Meer

Montezuma liegt unweit der Südspitze der Halbinsel Nicoya am Pazifik. Der bunte Ferienort ist seit über 30 Jahren ein bevorzugtes Reiseziel für all jene, die vor allem ein entspanntes Leben lieben.

In Montezuma herrscht gewöhnlich eine entspannte Atmosphäre – und dies hat gewissermaßen schon Tradition. Bereits in den Frühzeiten des costa-ricanischen Tourismus, der etwa zu Beginn der 1980er-Jahre einsetzte, begann sich das damals beschauliche Fischerdorf zu einem multikulturellen Urlaubsort zu entwickeln, in dem sich Althippies, Aussteiger auf Zeit, müsligestärkte Rucksacktouristen aus Mitteleuropa, Normalos und sonstwie spleenig-alternative Typen tummelten. Die harzig duftenden Marihuanawölkchen, die hier immer wieder durch die Luft waberten, brachten Montezuma unter Einheimischen den Spitznamen »Montefuma« ein, »Berg des Rauches«. Und so erlebten manche ihr »Montefuma-Montezuma« gewissermaßen schwebend …

Grundkapital: die Natur

Montezumas Grundkapital ist seit jeher die Vielfalt der Natur in der Umgebung gewesen: die Strände, die an die Küste drängende Vegetation, Wasserfälle wie El Chorro, das Naturschutzgebiet Cabo Blanco, zu dem Ausflüge angeboten werden. Hinzu kommt eine touristische Infrastruktur mit Unterkünften, Touranbietern, Cafés und Restaurants, deren kulinarisches Angebot von Meeresfrüchten über Sushi bis zu Pizza reicht. Montezumas relaxtes, alternatives Flair aus seinen touristischen Anfängen ist bis heute geblieben. Wer lange Strandspaziergänge, ein Sonnenbad am Strand, ein Bad im Meer, Traveller-Atmosphäre und ein gewisses Nightlife liebt, ist hier genau richtig.
www.playamontezuma.net,
www.montezumabeach.com

An Montezumas Strand herrscht tagsüber eine entspannte Atmosphäre.

40 Am weißen Kap – Cabo Blanco

Ursprungsort des Ökotourismus

Den Namen »weißes Kap«, Cabo Blanco, prägten Seefahrer in längst vergangenen Jahrhunderten. Der Landvorsprung markiert den Beginn des Golfs von Nicoya und die Südspitze der Halbinsel Nicoya – und ist eine der landschaftlich reizvollsten Regionen in diesem Teil Costa Ricas. Hier befindet sich ein ökologisch wertvolles Naturschutzgebiet.

Im Bereich des Cabo Blanco erleichtern Treppen die Entdeckungstour durch den Wald (unten). Dabei sollte man nicht nur den Blick auf den Boden richten, sondern auch hinauf zu verschlungenen Luftwurzeln (rechts oben).

Die etwa 3000 Hektar große Reserva Natural Absoluta Cabo Blanco, wie das Naturschutzgebiet um das »weiße Kap« heißt, schützt Land und Meer. Vorgelagert ist die Insel Cabo Blanco, das Strandziel bei Wanderungen auf dem Festland ist die Playa Cabo Blanco. Wer zu Fuß aufbricht, sollte genügend Trinkwasservorräte dabeihaben, denn es kann hier sehr heiß werden. Besucher mit Herz- und Kreislaufproblemen sollten von Wanderungen tunlichst Abstand nehmen. Man braucht halt eine gute Fitness, um die Trails anzugehen. Außerdem sollte man unbedingt im Hinterkopf behalten, dass die Reserva Natural Absoluta Cabo Blanco für Besucher montags und dienstags nicht zugänglich ist. Dann kann sich die Natur in aller Ruhe regenerieren. Darüber hinaus sollte es sich von selbst verstehen, dass man keine Muschelschalen, Schneckengehäuse oder dergleichen aus dem Park mitnimmt. Ausgangspunkt für die Anfahrt zum Park ist der populäre Traveller-Stützpunkt Montezuma.

Geburtshelfer aus Skandinavien

Das Schutzgebiet wurde bereits 1963 ins Leben gerufen und war damit ein absolutes Pionierprojekt. Dahinter stand die Initiative eines Zuwanderers aus Nordeuropa, des Schweden Nils Olof (Olle) Wessberg (1919–75), der mit seiner dänischen Frau Karen Mogensen nach

Costa Rica gekommen war. Die beiden kauften ein Farmgelände nahe Montezuma und kamen öfter in die Gegend um das Cabo Blanco, um Samen zu sammeln. Dabei fiel ihnen auf, dass sich der Primärwald nur in kleinen Teilen über die Zeiten gerettet hatte und welch ökologischen Stellenwert das Gebiet mit seiner Fauna und großen Vielfalt an Bäumen besaß. Mit Hilfe ausländischer Organisationen gelang es Wessberg, die Ländereien zu erwerben und die Behörden davon zu überzeugen, Cabo Blanco zum Naturschutzgebiet auszuweisen. Dies läutete, wenn man so will, den Beginn des Ökotourismus in Costa Rica ein – auch wenn das Land seinerzeit noch ein weißer Fleck auf der touristischen Landkarte war. Leider wurde Wessberg 1975 beim Bemühen, den Regenwald auf der Halbinsel Osa in Form des Nationalparks Corcovado unter Schutz zu stellen, ermordet. Doch seine Witwe Karen und engagierte Unterstützer führten sein Erbe fort, das in der Reserva Natural Absoluta Cabo Blanco bis in die Gegenwart nachwirkt. Nach Wessberg ist ein kleines Naturschutzgebiet bei Montezuma benannt, nach Karen Mogensen ein kleines Areal in den höheren Lagen der Halbinsel Nicoya.

Vom Pochote bis zum Kolibri

Insgesamt sind etwa 150 Baumarten in der Reserva Natural Absoluta Cabo Blanco vertreten, auch wenn sich hier heute mehrheitlich Sekundärwälder erstrecken. Erwähnung verdienen mächtige Pochotes und Kapokbäume (Ceibas) zsowie Breiapfelbäume, deren Milchsaft zur Gewinnung von Naturgummi genutzt werden kann. Die größten Ceibas erreichen Höhen von 60 Metern. Bei den Stämmen dieser Baumart gilt es, sich in Acht zu nehmen, denn sie sind oftmals mit Stacheln besetzt. Charakteristisch für die reiche Tierwelt des Gebiets sind Brüllaffen, Nasenbären, Weißschulter-Kapuzineraffen, Ameisenbären, Pakas sowie eine Vielzahl von Vögeln – etwa 240 registrierte Arten – sowie Schmetterlinge, Eidechsen, Frösche und Kröten. Besonders interessant ist die Vogelwelt auf der Insel Cabo Blanco, auf der sich Braune Pelikane, Weißbauchtölpel und Fregattvögel zeigen. Darüber hinaus sieht man im Süden der Halbinsel Nicoya Reiher, Kolibris, Tukane, Krabbenbussarde, Breitschwingenbussarde, Schopfkarakaras und Schmuckseeschwalben. Gelegentlich tauchen Pelikane in echten Formationsflügen am Himmel auf.

MARIPOSARIO MONTEZUMA GARDENS

Mariposario Montezuma Gardens gehört zu Montezuma. Die Anlage steht nicht nur für ein erschwingliches Bed & Breakfast mit einigen wenigen Zimmern und einer beliebten Mikrobrauerei. Die hiesige Hauptattraktion ist der Schmetterlingsgarten, auf Spanisch Mariposario. Dessen Aufbau begann im Jahre 2005 mit Hilfe von Biologen und der einheimischen Bevölkerung. Je nach Jahreszeit sind bis zu zehn verschiedene Schmetterlingsarten vertreten. Wer Geduld hat, kann warten, bis sich ein Schmetterling auf die Hand setzt. Der Schmetterlingsgarten ist der Öffentlichkeit zugänglich und hat täglich von 8 bis 16 Uhr geöffnet. Für Übernachtungsgäste ist der Eintritt frei.

WEITERE INFORMATIONEN

Mariposario Montezuma Gardens,
Tel. 506-264 213 17,
www.montezumagardens.com und
Facebook-Seite
Naturschutzgebiet Cabo Blanco,
http://nicoyapeninsula.com/
caboblanco

Von der Karibikküste zum
pazifischen Süden -
und eine besondere Insel-Zugabe

In der Cordillera de Talamanca, von der Panamericana aus gesehen, zwischen San José und San Isidro de El General (links). Einfach abhängen am Strand bei Dominical (ganz oben). Und nochmals abhängen: als Faultier auf der Halbinsel Osa (oben).

Schildkröten im Nationalpark Tortuguero schlüpfen zu sehen und ihren ersten Weg zum Wasser zu verfolgen, das ist ein Naturschauspiel en miniature (oben). Stimmungsvoll: die Lagune von Tortuguero (rechts).

41 Wasserstraßen und Wildlife – Naturschutzgebiet Tortuguero

Schutz für Meeresschildkröten

Im äußersten Nordosten des Landes bilden am Karibischen Meer der Nationalpark Tortuguero und das Wildschutzareal Barra del Colorado das gemeinsame große Naturschutzgebiet Área de Conservación Tortuguero. Gern gesehene Stammgäste in dem weitläufigen Gebiet sind verschiedene Meeresschildkrötenarten, die sich hier regelmäßig zur Eiablage einfinden.

Vor Jahrhunderten waren die kilometerlangen Strände bei Tortuguero unter Freibeutern und Abenteurern beliebt, denn hier konnten sie ihre Vorräte mit frischem Schildkrötenfleisch aufstocken – so wie auch die indigene Bevölkerung das Fleisch und die Eier der Tiere als Nahrungsquellen nutzten. Zu Beginn des 20. Jahrhunderts ging Schildkrötenfleisch aus Costa Rica sogar in den Export. Längst hat man den unschätzbaren Wert der Tiere erkannt. Und seit langem steht das Töten von Schildkröten und das Sammeln von Eiern massiv unter Strafe.

Im Jahr 1970 stellten die Behörden die Weichen für den Nationalpark Tortuguero, mit dem obersten Ziel, die Meeresschildkröten und ihre Brutgebiete zu schützen. An jenen Teil der karibischen Küste kommen bis heute vier verschiedene Arten von Meeresschildkröten zu Zehntausenden zur Eiablage: die Suppenschildkröte oder *tortuga marina verde* (*Chelonia mydas*), die Echte Karettschildkröte oder *tortuga marina carey* (*Eretmochelys imbricata*), die Unechte Karettschildkröte oder *tortuga marina cabezona* beziehungsweise *tortuga boba* (*Caretta caretta*) und die Lederschildkröte ode-

Farbe ins Leben bringen diese Häuser in Tortuguero (unten). Im Nationalpark finden auch Krokodile ihren Lebensraum (ganz unten). An der Lagune von Tortuguero komponieren Wasser, Palmen und Boote die Bilder (rechts oben).

tortuga marina baula (*Dermochelys coriacea*), ein echter Gigant des Meeres. Die größten Lederschildkröten erreichen ein Gewicht von 700 Kilogramm und eine Panzerlänge von über zwei Metern.

Der kleine Amazonas

Wegen seiner Wasserstraßen, Inselwelten und tropischen Feuchtwälder wird der Nationalpark Tortuguero bisweilen auch als »der kleine Amazonas« tituliert. Die Parkgrenzen sind seit der Gründung mehrfach erweitert worden. Heute umfasst der Parque Nacional Tortuguero knapp 77 000 Hektar, wobei ungefähr zwei Drittel auf den Meeresanteil entfallen. Er ist mit dem weiter nördlich beziehungsweise nordwestlich gelegenen Refugio de Vida Sivestre Barra del Colorado verbunden, das sich auf dem Festland erstreckt und an den Río San Juan sowie die Grenze zu Nicaragua reicht. Das 81177 Hektar große Gebiet bewahrt ein Mosaik aus Flüssen, Lagunen, Sümpfen, Überschwemmungswäldern und maximal gut 200 Meter hohen Erhebungen.

Der Parque Nacional Tortuguero und das Refugio de Vida Sivestre Barra del Colorado formen gemeinsam die Área de Conservación Tortuguero, deren Bedeutung für den Erhalt der Flora und Fauna nicht hoch genug bewertet werden kann. Die beiden Teile des Großschutzgebiets verbindet der 119 Meter hohe Hügel Cerro Tortuguero.

Das Klima in der karibischen Küstenregion ist ausgesprochen warm, die Tagestemperaturen pendeln im Schnitt zwischen 25 und 30 Grad Celsius. Der Jahresniederschlag ist mit 5000, vereinzelt sogar 6000 Millimetern extrem hoch. Entsprechend gilt es für Besucher, sich auf eine hohe Luftfeuchtigkeit von fast 90 Prozent einzustellen und mit Regenschutz allen Eventualitäten vorzubeugen.

Jaguar und Erbeerfröschchen

Die Artenvielfalt der Fauna beschränkt sich in der Área de Conservación Tortuguero nicht nur auf die Meeresschildkröten. Allein im Nationalpark Tortuguero sind über 440 Vogelarten dokumentiert, darunter der Amerikanische Schlangenhalsvogel, das Blatthühnchen und der Große Soldaten-Ara aus der Familie der Papageien. Jaguare und Dreifingerfaultiere leben hier ebenso wie Flussschildkröten, Schmetterlinge, Brüllaffen, Geoffrey-Klammeraffen und Weißschulter-Kapuzineraffen. Eine Besonderheit unter den Amphibien ist das rot gefärbte

Erbeerfröschchen (*Dendrobates pumilio*). Ausgewachsene Exemplare der *rana roja* werden nur so groß wie die Fingerkuppe eines Menschen. Stark bedroht sind die Karibik-Manatis (*Trichechus manatus*), die zur Familie der Rundschwanzseekühe zählen. Besonders beginnt der Puls von Besuchern zu rasen, wenn sie einen Krokodilkaiman oder Nördlichen Brillenkaiman (*Caiman crocodilus*) sichten – die Alligatorart kann über 2,5 Meter lang werden.

In Turtle Bogue

Dreh- und Angelpunkt in der Gegend ist der Ort Tortuguero, der Anbindung an das schiffbare Kanal- und Lagunensystem und mittlerweile die 1000-Einwohner-Marke überschritten hat. Er entwickelte sich aus einer Siedlung von Afrokariben, die in den 1920er-Jahren unter dem Namen Turtle Bogue beziehungsweise Boca Tortuga gegründet wurde. Die ersten Familien stammten aus Limón, Parismina, Barra del Colorado und einige aus Nicaragua. Grund für die Ansiedlung waren handfeste wirtschaftliche Interessen, die allmählich weitere Neusiedler anlockten. Dabei ging es vor allem um das Abholzen und den Handel mit Edelhölzern sowie die Anlage von Plantagen, auf denen vor allem Mangos und Kokospalmen angebaut wurden. In den 1950er-Jahren setzte ein Wandel ein, als sich der US-amerikanische Zoologe und Naturschützer Archie Carr (1909–87) für das Gebiet zu interessieren begann – wegen der Meeresschildkröten und ihrer Eiablagen. Dank Carr kam es zum Aufbau einer Forschungsstation der Caribbean Conservation Corporation, durch die das ökologische Bewusstsein zunehmend stieg. Nach der Ausweisung als Nationalpark begann in den 1980er-Jahren der Ökotourismus, in dessen Zuge der Ort Tortuguero wuchs – und mit ihm Unterkunft-, Einkehr- und Einkaufsmöglichkeiten zunahmen. Die bekanntesten Lodges entstanden allerdings nicht im Ort selbst, sondern auf der gegenüberliegenden Seite des Flusses.

Hoher Erlebniswert

Der Schutz der Tierwelt hat bis heute oberste Priorität – dennoch ist für Teilnehmer an Touren durch das Schutzgebiet ein hoher Erlebniswert garantiert. Gewöhnlich buchen Reisende ein zwei- bis dreitägiges Pauschalpaket inklusive Unterkunft, Bootszubringer, Ortsbesuch in Tortuguero und Bootsfahrt durch die Kanäle. Zwischen Juli und September kann man zudem auf nächtlichen Ausflügen Suppenschildkröten bei der Eiablage beobachten.

DAS BUDDA CAFÉ

Im Ort Tortugero ist das Budda Café ein Top-Spot für Besucher. Die Aussicht ist grandios und unverbaut, die Atmosphäre ungezwungen. Einfache Tische und Stühle drängen bis an die Uferfront heran. Wohl dem, der sich ein Plätzchen in der ersten Reihe sichert! Die Bezeichnung »Café« ist allerdings stark untertrieben, denn außer Heiß- und Kaltgetränken stehen diverse Speisen zur Auswahl. Und auch das Preis-Leistungs-Verhältnis stimmt. Das kompetent geführte Lokal hat täglich von 12 Uhr mittags bis abends 21 Uhr geöffnet. Ganz besonders genießen die Gäste die schöne Stimmung bei Sonnenuntergang und nach Einbruch der Dunkelheit.

WEITERE INFORMATIONEN

Budda Café, Tel. 506-270 980 84, www.buddacafe.com; Nationales Naturschutznetz, Sistema Nacional de Áreas de Conservación Costa Rica, www.sinac.go.cr; www.tortugueroinfo.com

Bei Cahuita verläuft diese von Palmen flankierte Straße mit herrlichen Ausblicken aufs Meer (oben). Cahuita bietet vielerlei Möglichkeiten zur Einkehr (rechts oben). Zu Fuß auf Entdeckung im Nationalpark Cahuita (rechts unten).

42 Karibisch – von Cahuita bis Puerto Viejo

Für Individualtouristen

Alles Cahuita, oder was? So heißt in der Provinz Limón ein populärer Traveller-Ort, aber auch der unmittelbar angrenzende Nationalpark. Wem die karibische Atmosphäre samt Zielen in der Umgebung gefällt, der wird sich in der Gegend eine Zeit lang aufhalten. Unterkünfte, Restaurants und Treffs für einen coolen Drink sind in Cahuita und weiter südostwärts in Puerto Viejo auf Individualtouristen zugeschnitten.

Nimmt man tief im Südosten der Provinzhauptstadt Puerto Limón den Ort Cahuita als Ausgangsbasis für Entdeckungen in jenem Teil der karibischen Küste, stechen als größte Pluspunkte die Ziele in der dortigen Umgebung heraus. Das beginnt bereits mit den Stränden: die Playa Blanca, der »weiße Strand«, und die Playa Negra, der »schwarze Strand«. Ziel Nummer eins ist jedoch der Parque Nacional Cahuita, der gleich vor der südlichen Haustür des Ortes beginnt und damit ein Alleinstellungsmerkmal besitzt. So nahe an einer gewachsenen Dorfgemeinschaft liegen andere Nationalparks in Costa Rica nicht. Bei all den Entdeckungen gerät man garantiert ins Schwitzen. Denn es kann extrem heiß und schwül sein, wie überall an der Karibikseite des Landes.

Costa Ricas besterhaltenes Korallenriff

Palmenstrände, tropische Feucht- und Sumpfwälder, die Tierwelt sowie das besterhaltene Korallenriff an Costa Ricas Karibikfront zeichnen den Nationalpark Cahuita aus. Nach ersten, im Jahr 1970 getroffenen Schutzmaßnahmen für das Korallenriff kam es acht Jahre später zur Ausweisung des Nationalparks.
In fernen Jahrhunderten waren das Korallenriff und seine Bewohner der Ausbeutung der Menschen ausgesetzt. Diese rückten mit kleinen

MARGARITA

Die Karibik steht nicht nur für wolkenfreien Himmel – umso schöner für die persönliche Fotosammlung (unten). Und in der Natur verdienen auch kleinere, vielleicht nicht ganz so spektakuläre Tiere wie dieses Eichhörnchen im Nationalpark Cahuita Beachtung (ganz unten). Wohlfühlambiente im Restaurant Sobre Las Olas (rechts oben).

Schiffen selbst aus dem heutigen Panama und Nicaragua an, um den Beständen an Meeresschildkröten nachzuspüren, die im Riff Schutz gesucht hatten. Die Besiedlung des Gebiets nahm 1828 mit der Familie eines gewissen William Smith ihren Anfang. In der Folge ließen sich weitere Siedler nieder und bauten Kakao, Yucca und Kokospalmen an. Ihre Behausungen waren häufig nur Hütten, die mit Palmstroh gedeckt waren. Nach der offiziellen Gründung des Ortes Cahuita 1915 entwickelten sich neue Verdienstmöglichkeiten, unter anderem durch Holzeinschlag und Viehzucht. Die Gründung des Nationalparks, eines der ersten im Land, führte zu einem Umdenken, wobei sich die Dorfgemeinschaft von Cahuita von Beginn an aktiv einbrachte. Große Schäden richtete 1991 ein Erdbeben an, doch das ist zum Glück Geschichte.

Längst hat sich der Ort Cahuita als Sammelbecken von Aussteigern und Reisenden aus aller Welt etabliert. Das Publikum präsentiert sich so gemischt, wie man es in einem typischen Traveller-Treff erwartet: mit Pegelausschlägen zwischen freakig und unscheinbar, normal, hippiemäßig, punkig, jointgestärkt. In und um den Ort findet man eine Reihe von empfehlenswerten Unterkünften, darunter die Passion Fruit Lodge, das Hotel La Casa de las Flores und die Suizo Loco Lodge. Und wenn man irgendwo in einem Restaurant am Meer sitzt und am Drink nippt, spielen die Wellen ihr Lied dazu. Und eine laue Brise raschelt durch die Palmen. In Augenblicken wie diesen stellt man sich die Frage: Was will man eigentlich mehr? Na gut, ein wenig Bewegung vielleicht. Damit kommen wir auf den Nationalpark Cahuita zurück, der dahingehend genau die richtige Wahl ist.

Unterwegs im Nationalpark

Auf Naturpfaden durchstreifen Besucher im Nationalpark Cahuita den tropischen Feuchtwald und erreichen seine Strände. Der hiesige Klassiker ist die Wanderung von Cahuita aus parallel zum Meer bis zur Landspitze Cahuita, der Punta Cahuita. Erst dahinter beginnt das Korallenriff. Wer schnorchelt, bekommt eine Vielzahl an tropischen Fischen vor die Maske. Für die beste Sicht empfehlen Experten die niederschlagsärmeren Monate. Das sind hier unter anderem Februar bis April.
An Land stehen die Chancen auf Tierbeobachtungen außerordentlich gut. Hier leben unter anderem Brüllaffen, Faultiere, Waschbären,

Nasenbären, Leguane, Basiliske, Schmetterlinge, Riesenameisen und zahlreiche Vögel wie Tukane, Reiher und Krabbenbussarde. Obacht geben sollte man auf Schlangen wie die Stülpnasen-Lanzenotter oder *tamagá oropel* genannte Greifschwanz-Lanzenotter, eine Giftschlange aus der Familie der Vipern. Manche Affen, so scheint es, haben sich übermäßig an den Menschen gewöhnt und können auf Nahrungssuche sehr zudringlich werden. Füttern darf man die Tiere natürlich nicht.

Weitere Ziele und Entdeckungen

In Cahuita bieten sich unterschiedlichste Möglichkeiten der Freizeitgestaltung, organisierte Schnorcheltouren, Wanderungen durch den Nationalpark mit Ranger, Fahrradtouren oder Ausritte. Sehenswert sind in gut erreichbarer Nähe von Cahuita das Sloth Sanctuary für verletzte Faultiere und das Tree of Life Wildlife Rescue Center, ein Rettungszentrum für Wildtiere mit einem botanischen Garten. Auf Ausflugsplänen von Veranstaltern steht ein Besuch der indigenen Gemeinschaft Bribri.

Südöstlich von Cahuita geht es zu weiteren Entdeckungen an der Karibikküste und ihren charakteristischen dunkelsandigen Stränden. Ziel ist Puerto Viejo de Talamanca, in Kurzform Puerto Viejo genannt, was »Alter Hafen« bedeutet. In der Nähe liegen ausgesprochen attraktive Strände, darunter die Playa Cocles, die Playa Chiquita und die Playa Punta Uva. Manche Besucher gehen so weit, dass sie bei der Playa Punta Uva vom schönsten Strand in Costa Rica schwärmen. Das mag ein wenig übertrieben sein, doch die Postkartenansicht ist nicht zu leugnen. Dass man hier vergleichsweise weit weg ist von Puerto Viejo, mag für jene ein Riesenvorteil sein, die größere Ruhe und Abgeschiedenheit suchen.

Schwimmen und Schnorcheln erfordern stets Vorsicht. Was die touristische Infrastruktur anbetrifft, so ist Puerto Viejo de Talamanca zwar weniger entwickelt als Cahuita, aber schon lange kein Geheimtipp mehr. Es gibt Unterkünfte in verschiedensten Preisklassen und eine florierende Surferszene – wobei man auch ohne Surfen gut Party machen kann. Beliebtes Fortbewegungsmittel ist das Fahrrad.

Bei der Playa Cocles lohnt der Besuch des Jaguar Rescue Center, einer engagiert geführten Auffangstation für Wildtiere wie Affen, Faultiere, Vögel und Schlangen. Ebenfalls ein Tipp ist der bei Puerto Viejo gelegene Jardín Botánico Finca La Isla, ein botanischer Garten mit vielen exotischen Nutzpflanzen.

IM RESTAURANT »ÜBER DEN WELLEN«

Würde man Reisende nach ihren Lieblingsadressen der Einkehr an der karibischen Küste fragen – das Restaurant Sobre Las Olas in Cahuita würde gewiss in der Spizengruppe landen. Den Namen des Restaurants, Sobre Las Olas, also »Über den Wellen«, darf man fast beim Wort nehmen. Man thront zwar nicht auf den Wogen, sondern sitzt und speist auf der Terrasse ganz nah am Meer. Allein das ist Grund genug, hier Platz zu nehmen.

WEITERE INFORMATIONEN

Nationales Naturschutznetz, www.sinac.go.cr; www.cahuita.cr; www.treeoflifecostarica.com; www.slothsanctuary.com; http://puerto-viejo.cr; www.jaguarrescue.foundation

Im Nationalpark Cahuita führen die Wege durch scheinbar verwunschene Landschaften.

43 Costa Ricas Thron – Nationalpark Chirripó

Rund um den höchsten Berg des Landes

In Costa Rica, dem vielgesichtigen Land der Vulkane, Strände und Regenwälder, geht es zwischen den Küsten hoch hinauf. Viel höher als auf Deutschlands höchsten Berg, die Zugspitze. Zwischen Atlantik und Pazifik treibt es der Cerro Chirripó mit 3820 Metern auf die Spitze. Costa Ricas höchster Berg steht gut geschützt in dem weitläufigen Parque Nacional Chirripó.

Ihn einmal zu bezwingen, den Cerro Chirripó, und auf dem Thron des Landes zu stehen, das ist für viele Reisende die wichtigste Antriebsfeder im Parque Nacional Chirripó. Die Natur im Nationalpark zeigt sich von vielen Seiten – und die sind nicht zuletzt für Vogelliebhaber interessant. So oder so sind die grünen, rauen Berggegenden sehenswert, selbst wenn man sich nicht an eine Besteigung wagt.

San Gerardo de Rivas

San Gerardo de Rivas fungiert als Tor zum Nationalpark Chirripó. Ab San Isidro de El General, einem strategisch wichtigen Durchgangsstädtchen, führt eine kurvenreiche Straße zu dem Ort. In San Gerardo de Rivas und in der nahen Umgebung finden sich Unterkünfte wie das Hotel Roca Dura, das Hotel Urán unweit des Wegzugangs in den Nationalpark sowie das Berghotel El Pelícano. Dort führt ein Waldwanderweg durch den Bosque Oro Verde und werden organisierte Touren auf den Cerro Chirripó angeboten.

Internationaler Naturschutz

Die Geschichte des Nationalparks beginnt Mitte der 1970er-Jahre. 1982 erweiterten ihn die Behörden auf seine heutige Fläche von

Ein Gigant mit Wolkenschleiern: der Cerro Chirripó (unten). Ländliche Alltagsszene bei San Isidro de El General (rechts oben).

50 150 Hektar. Von großer Bedeutung für den Naturschutz sind die südöstlichen Übergänge in den weitaus größeren Parque Internacional La Amistad, der bis weit über die Grenzen nach Panama reicht. Dieser Verbund aus Schutzgebieten gibt reichlich Raum für die ungestörte Entwicklung von Flora und Fauna. Der Cerro Chirripó gehört zur Cordillera de Talamanca, die im Gegensatz zu anderen Gebirgsgegenden Costa Ricas nicht vulkanisch geprägt ist. Im Nationalpark weisen Seen und kleine u-förmige Täler glaziale Formen auf und zeugen davon, dass sich hier einst Eismassen bewegten. Nachts können die Temperaturen in den Höhenlagen bis auf den Gefrierpunkt fallen. Der Jahresniederschlag liegt bei durchschnittlich 6000 Millimetern und ist damit einer der höchsten im Land. Die bekanntesten Felsformationen im Nationalpark heißen »Los Crestones«.

Vom Nebelwald zum Gipfel

Die Strapazen eines Aufstiegs auf den Cerro Chirripó dürfen keinesfalls unterschätzt werden, unterwegs kann auch die Höhe Beschwerden verursachen. Eine Besteigung setzt eine gute körperliche Fitness, eine Mindestdauer von zwei Tagen und eine Reservierung der Bergunterkunft Albergue El Páramo voraus. Dazu wendet man sich im Vorfeld an die Nationalparkbehörde. Empfehlenswerte Monate für die Unternehmung sind die trockeneren Monate Dezember bis April.

Der Ausgangspunkt, die Rangerstation, liegt auf einer Höhe von etwa 1350 Metern. Bis zur Albergue El Páramo, dem klassischen Hütten-Basislager mit ein paar Dutzend Plätzen, sind am ersten Tag um die 2000 Höhenmeter zu überwinden, verteilt auf etwa 15 Streckenkilometer. Die Länge des Marsches hängt von der individuellen Grundkondition und Tagesform ab. Auf organisierten Touren werden dafür sieben bis zwölf Stunden veranschlagt, was einen frühen Aufbruch nötig macht. Unterwegs geht es durch verschiedene Vegetationsstufen, die von Nebelwäldern bis zum Ödland, dem Páramo, reichen. Rasche Wetterwechsel und Nebel sind nie auszuschließen. Tag zwei steht im Zeichen der Bezwingung des Cerro Chirripó, den von der Albergue El Páramo etwa fünf Kilometer trennen. Lohn der Mühen ist das Panorama vom Gipfel. Entweder kehrt man am selben Tag nach San Gerardo de Rivas zurück oder bleibt eine weitere Nacht in der Albergue El Páramo, um die Umgebung zu erkunden.

HOTEL ROCA DURA

Eine verlässliche Adresse ist das Hotel Roca Dura gegenüber der Plaza Deportiva in San Gerardo de Rivas. Die Zimmer sind mit Bad ausgestattet, haben warmes Wasser und WLAN. Jedes Zimmer ist anders gestaltet. Mal genießt man vom Balkon den Blick ins Grüne, mal setzt das Interieur Akzente, zum Beispiel mit sorgsam gestalteten Steinwänden – der Hotelname bedeutet übrigens »harter Fels«. Dem Roca Dura sind eine Bar und ein Restaurant angeschlossen. Hier reicht die kulinarische Spanne von Suppe, Burger, Pizza und Salat bis zu costa-ricanischen Speisen. Arrangiert werden auch Ausritte, die sich gleichermaßen für Anfänger wie für erfahrenere Reiter eignen.

WEITERE INFORMATIONEN

Nationales Naturschutznetz, www.sinac.go.cr; Wanderinformationen, http://hallo-costarica.com; Hotel Urán, www.hoteluran.com; Berghotel El Pelícano, www.hotelpelicano.net; Hotel Roca Dura, www.hotelrocadura.com

Die Aussicht ins Grün gibt es in diesem Restaurant bei Quepos kostenlos dazu (oben). Leguane tummeln sich zuhauf in der Gegend um Manuel Antonio (rechts).

44 Urwald trifft Küste – Nationalpark Manuel Antonio

Natur von ihrer schönsten Seite

In der Südhälfte Costa Ricas geht der Schwenk von Meer zu Meer, über den Rücken des Hochlands von der Karibik bis zum Pazifik. Dort liegt ein Naturschutzgebiet, das leicht zugänglich ist und große Besucherzahlen aufweist: der Parque Nacional Manuel Antonio. Der ungebrochene Zulauf bezeugt, dass man es hier mit einem besonderen Juwel der Natur zu tun hat.

Wie wahr: »Die Magie des Strands und das Grün des Waldes vereinen sich an einem einzigen Platz, und das Resultat ist ein Naturparadies.« Mit diesen Worten preist die Nationalparkbehörde den Parque Nacional Manuel Antonio. Doch für den Nationalpark die Werbetrommel zu rühren, ist wirklich nicht nötig. Er ist ein Selbstläufer und der am stärksten besuchte Park in Costa Rica. Dabei ist die Landfläche des an den Pazifik stoßenden Schutzgebiets mit gerade einmal 2000 Hektar extrem klein. Hinzu kommen weitere 55 000 Hektar geschütztes Meeresgebiet.

Statt Bananen …

Der Nationalpark hat eine ungewöhnliche Vorgeschichte, nicht so sehr in Hinsicht auf die indigenen Bewohner der Gegend, die Quepoa, sondern was die Konflikte um die dazugehörigen Landflächen betrifft. Diese hatte sich nämlich die United Fruit Company angeeignet, um sie mit ihrer typischen Plantagenwirtschaft auszubeuten – bis sie auf Druck des costa-ricanischen Volkes in die Hände des Staates übergingen. Der rief 1972 das ökologisch wertvolle Naturschutzgebiet aus, von dem damals niemand ahnen konnte, dass es sich einmal zu ei-

Ob zu Pferde (unten) oder auf dem Surfbrett (rechts oben): Am Strand von Manuel Antonio reitet man auf dem Sand und auf den Wellen. Und in Hotels entspannt man am Pool (ganz unten).

nem derartigen Besuchermagnet entwickeln würde.
Manuel Antonio ist nicht nur der Name des Nationalparks, sondern auch von einer Art Ortschaft. Die Siedlung lässt sich am besten als lose gewachsene Ansammlung aus Unterkünften, Strandrestaurants und sonstigem Touristenkommerz beschreiben. Hinzu kommen luxuriöse Resorts, die um die besten Ausblicke konkurrieren. Wer sich in Manuel Antonio in der Hochsaison zwischen Dezember und April einquartieren möchte, sollte auf jeden Fall vorab reservieren. Wer zu spät bucht, den bestraft auch hier das Leben.
Der Anstieg des Tourismus und eine Zunahme von Freizeitangeboten und organisierten Outdoor-Aktivitäten gehen Hand in Hand. Das ist in Manuel Antonio und der erweiterten Umgebung nicht anders als andernorts. Die Spanne reicht von Ziplining, Surfkursen und Ausritten über Seekajaktrips, Canyoning und Tauchausflüge bis hin zu Touren auf Mountainbikes und Segways. Nicht zu vergessen nächtliche Urwaldwanderungen in einem Privatschutzgebiet oder Touren über Farmen, auf denen Vanille und Gewürze angebaut werden. Die Angebotspalette ist riesengroß.
Nördlich von Manuel Antonio liegt das Städtchen Quepos, dessen Name sich von den indigenen Quepoa ableitet. Es besitzt einen relativ großen Hafen, und tagsüber fahren von hier aus gerne Sportfischer aufs Meer. Das Städtchen dient zudem manchen Besuchern von Manuel Antonio als Abendziel.

Echte Traumkulissen

Manuel Antonio und der Nationalpark sind bestens geeignet, um sich auf Costa Rica und seine Natur einzustimmen oder in den letzten Urlaubstagen noch einmal Palmenhaine, weite Sandstrände, Felseninseln und tropische Feuchtwälder zu erleben. Derlei Traumkulissen lassen die Herzen von Besuchern höherschlagen, trotz der Urlauberströme ist und bleibt das Gebiet einer der schönsten Flecken in Costa Rica.
Unter den Höhepunkten im Nationalpark stechen zwei Strände heraus, die Playa Espadilla Sur und die Playa Manuel Antonio, an die der immergrüne Feuchtwald unmittelbar anstößt. Aufpassen muss man allerdings auf die strandnah wachsenden Manchinelbäume oder *manzanillos* (*Hippomane mancinella*), hier sollte man die Warnhinweise auf jeden Fall ernst nehmen: Vermeiden Sie unbedingt Hautkon-

takt mit den Bäumen, deren entfernt mit Äpfeln vergleichbare Früchte giftig sind, und setzen Sie sich niemals in ihren Schatten. Im Naturhaushalt erfüllen die *manzanillos* allerdings eine wichtige Funktion, denn ihre Wurzeln stabilisieren den Sand und verhindern somit die Erosion des Strandes.
Die Playa Manuel Antonio gilt als Top-Spot für Schnorchler, beliebt sind auch der Strand Playa Gemelas und die Landzunge Punta Catedral. Sie war früher eine Insel und wurde im Lauf der Zeit durch Sedimentablagerungen mit dem Festland verbunden. Der höchste Punkt des Nationalparks liegt 160 Meter über dem Meer, die beste Aussicht hat man jedoch von den Miradores Punta Serrucho und Puerto Escondido. Einen starken Kontrast zu den Stränden bietet der auf Spanisch *manglar* genannte Mangrovenwald. Auf 18 Hektar drängen sich hier Rote und andere Mangrovenarten.

Auf zu den Tieren!

Zum Nationalpark gehören etwa zwei Handvoll Inselchen und Inseln im Pazifik, von denen die Isla Mogote als größte aufragt. Sie bieten Lebensraum für zahlreiche Seevögel. Doch auch auf dem Festland sammeln sich hier viele Vögel, im gesamten Gebiet des Manuel Antonio sind laut Schutzbehörde sage und schreibe 352 Arten gezählt worden. Darüber hinaus gibt es hier Zwei- und Dreifingerfaultiere zu erspähen, Brüllaffen, Weißschulter-Kapuzineraffen, Eichhörnchen, Waschbären und Nasenbären, sowie eine verblüffende Vielzahl an Eidechsen und Leguanen.
Die Wege im Nationalpark sind bestens instand gehalten, die Tiere an Menschen gewöhnt und mitunter leicht zu beobachten und zu fotografieren. Es ist untersagt, sie mit Futter zu ködern. Zudem rät die Nationalparkbehörde, keinen Proviant mitzubringen, der die Tiere anlocken könnte. Das hat schon zu unliebsamen Begegnungen geführt, kann das natürliche Verhalten der Tiere beeinflussen und auch ihre Gesundheit schädigen. Fehl am Platz ist es zudem, sich den Tieren zu sehr zu nähern oder sie gar berühren zu wollen.
Zu Entdeckungen sollte man so früh wie möglich am Morgen aufbrechen, Einlass in den Park ist bereits um sieben Uhr – außer montags, dann ist der Park allgemein für Besucher geschlossen. Für die Wanderung empfehlen sich keine Sandalen, sondern festes Schuhwerk. Und während der regenreichen Monate, speziell im September und Oktober, gehört Regenschutz in den Tagesrucksack.

GUT GEBETTET

Tropische Gärten. Poolwasser, in die das Grün seine Spiegelbilder wirft. Komfortable Zimmer. Ein Restaurant. Sonnenliegen. Und im Schatten viele Sitzmöglichkeiten in den Gemeinschaftsbereichen. All dies sind Pluspunkte im Hotel Villas Lirio, einer von vielen Unterkünften um den Nationalpark Manuel Antonio. In manchen Zimmern würde man sich allerdings mehr Licht wünschen. Natürlich geht es auch luxuriöser, Top-Adressen sind das Arenas del Mar Beachfront & Rainforest Resort und das Tulemar Resort mit den Tulemar Bungalows & Villas und den Buena Vista Luxury Villas.

WEITERE INFORMATIONEN

Nationales Naturschutznetz, www.sinac.go.cr; Villas Lirio, www.villaslirio.com; Tulemar Resort, www.tulemarresort.com; Arenas del Mar Beachfront & Rainforest Resort, www.arenasdelmar.com

45 Exotik in allen Formen – südliche Pazifikstrände

Die berühmte Qual der Wahl

Die Strände an der südlichen Pazifikküste erstrecken sich vom Beginn des Golfs von Nicoya bis zur Bahía de Coronado am Anfang der Halbinsel Osa. Kilometerlang oder klein, abgeschieden oder gut besucht – an diesem Küstenstreifen hat man in Hinblick auf die Strände die berühmte Qual der Wahl. Hotels, Restaurants, Beachbars und Touranbieter gibt es zuweilen wie Sand am Meer.

Der Strand von Dominical zieht auch Surfer an (unten) – und der originellen Werbung sind keine Grenzen gesetzt (rechts oben).

Baden, Sonnen, Surfen und vielerlei mehr. Nichts ist unmöglich an den Stränden der südlichen Pazifikküste, die auf Höhe des Golfs von Nicoya beginnen. Seitdem sie vom Tourismus entdeckt worden sind, haben sich aus verschlafenen Fischerdörfern so manch attraktive Ziele entwickelt. Stellenweise haben schicke Shops und Bistros, Kunstgalerien, Fast-Food-Restaurants und Immobilienspekulation unter nordamerikanischen Einflüssen Einzug gehalten. Das wahre, ursprüngliche Costa Rica, nun ja, es hat sich nicht überall über die Zeiten gerettet. Dann wieder versöhnen Sonnenuntergänge, abgeschiedene Strände und Anblicke unberührter Natur mit Palmenhainen und dichter Vegetation, die mit der Küste verschmilzt. Exotische Akzente setzen Mangroven, Bananenstauden, Papayas, Ölpalmen, Flamboyantbäume, vielerlei Blumen.

Zahlreiche Outdoor-Aktivitäten

Bei den Outdoor-Aktivitäten reicht die Palette von Ausritten und Ausfahrten im Seekajak bis zum Sportfischen, Stand-up-Paddling und

Wandern im tropischen Regenwald. Durchgängig hoch im Kurs steht Surfen. In der Surferszene genießen Jacó, Playa Hermosa, Esterillos, Manuel Antonio und Dominical einen guten Ruf. Darüber hinaus liegen hier zwei bedeutende Naturschutzgebiete: der südlich der Hafenstadt Quepos gelegene Nationalpark Manuel Antonio und weit südöstlich von Dominical der Nationalpark Marino Ballena samt seines Küstenstrichs und Stränden wie der Playa Uvita und der Playa Piñuela. Schwimmen im Pazifik ist nicht bedenkenlos möglich, da immer wieder Unterströmungen herrschen können. Generell gilt, größte Vorsicht walten zu lassen und unter keinen Umständen weit hinauszuschwimmen.

Reizvolle Ziele allerorten

Die Reise der Strandentdeckungen beginnt an der Ostflanke des Golfs von Nicoya mit dem »Hufeisenstrand« Playa Herradura, wo die Marina moderne Akzente setzt. Ein herausragendes Ziel ist Jacó mit der Playa Jacó. Dass sich hier die erschlossenste Beach-Destination in Costa Rica herausbilden konnte, hängt zum einen mit dem kilometerlangen, grauen Sandstrand zusammen und zum andern mit der relativen Nähe zu San José. Knapp 100 Kilometer sind Hauptstadt und die wichtigsten Ballungsräume im Zentraltal entfernt. An den Wochenenden und während der Ferien sind für die Einheimischen rasche Abstecher zum Strand möglich. Und ein internationales Traveller-Publikum findet sich sowieso ein, das hier zwischen Hotels und Apartments als Unterkunft wählt. Auch wenn sie sehr gut besucht ist und einige steinige Abschnitte aufweist, genießt die Playa Jacó unverändert eine Spitzenstellung unter den Stränden in Costa Rica. Da die weite Sandbucht von Jacó bei Flut nicht ganz vom Meer eingenommen wird, können Faulenzer den ganzen Tag an einer Stelle bleiben – ganz im Gegensatz zu den meisten anderen populären Stränden, an denen man stets vor dem steigenden Wasser flüchten muss und die Strandplätze überschwemmt werden.

Südlich von Jacó liegt nur wenige Kilometer entfernt die Playa Hermosa, anschließend folgen die Strände um Esterillos, Playa Bejuco, Quepos und Manuel Antonio. Ab Manuel Antonio existiert keine direkte Straßenverbindung weiter in Richtung Süden, wo der Río Naranjo ins Meer mündet, sodass vorübergehend eine Schleife durch das Hinterland nötig ist. Danach geht es volle Kraft voraus weiter auf die Abzweigungen zu weiteren reizvollen Strandzielen zu: von der Playa Matapalo über die Playa Barú und die Playa Dominical bis zur Playa Uvita und Playa Tortuga.

STILVOLL ZU ABEND ESSEN

Es ist nicht immer einfach, bei der Wahl des Restaurants zwischen kulinarischer Massenware und individuellen Akzenten zu unterscheiden. Mitunter merkt man's erst hinterher. Eine gute Adresse, um stilvoll zu Abend zu essen, ist im äußersten Süden das Restaurant Exótica. Es liegt etwa 15 Kilometer südöstlich von Uvita in Ojochal. Die Küche wartet mit so manch überraschender Raffinesse auf, die Atmosphäre ist behaglich. Hier wird der Gaumen verwöhnt – und im Exótica wissen die Macher, dass auch das Auge mitisst und legen sich entsprechend ins Zeug. Das hat, man ahnt es, natürlich seinen Preis.

WEITERE INFORMATIONEN

Informationen zu Stranddestinationen, www.govisitcostarica.co.cr, http://playascostarica.info; Restaurant Exotica, Ojochal, Avenida Principal, Facebook-Seite

Einer, der hier aufgepeppelt wird: Waschbär im Alturas Wildlife Sanctuary.

46 Engagierte Hilfe – Alturas Wildlife Sanctuary

Rettung für Wildtiere

Retten. Pflegen. In die Freiheit aussetzen. Das sind die drei Grundpfeiler der engagierten Arbeit des Alturas Wildlife Sanctuary. Bei dieser Non-Profit-Organisation kommen die gespendeten Gelder direkt den Wildtieren zugute.

Jeder Besucher, der die Pforten des Alturas Wildlife Sanctuary passiert, hilft dank seiner Eintrittsspende mit, Wildtiere zu retten, wieder zu Kräften kommen zu lassen, sie medizinisch zu versorgen, auf eine Wiedereingliederung in den natürlichen Lebensraum vorzubereiten. Hier finden Tiere, auch Jungtiere, ein temporäres Zuhause und professionelle Betreuung.

Helfende Hände

Interessant – auch für Familien mit Kindern – ist es, die Tiere im Zuge der geführten Besuche aus nächster Nähe zu sehen. Wobei die Anlage natürlich nicht als Zoo missverstanden werden darf.

Rettungsmaßnahmen und Auswilderungen bringen eine große Fluktuation mit sich, sodass sich die Insassen von Monat zu Monat ändern. Prinzipiell finden Tiere wie Ameisenbären, Stachelschweine, Papageien, Tukane, Waschbären und Faultiere Aufnahme. Über die individuelle Dauer des Aufenthalts entscheidet das Team; man setzt auf Gespür und tierärztlichen Rat.

Im Alturas Wildlife Sanctuary werden ständig helfende Hände gesucht. Gegen Entgelt für Unterbringung und Verpflegung ist es möglich, am Freiwilligenprogramm teilzunehmen. Das Alturas Wildlife Sanctuary liegt südöstlich von Dominical im unmittelbaren Pazifikhinterland in Alturas de San Martín Norte. Die eineinhalbstündigen Besuchstouren starten dienstags bis sonntags um 9, 11, 13 und 15 Uhr. Montags ist die Einrichtung geschlossen.

http://alturaswildlifesanctuary.org, http://alturasvolunteers.com

47 Im Tauchparadies – Isla del Caño

Wer um die Isla del Caño auf Tauchstation geht, bekommt mit Glück einen Riesenmanta zu sehen.

Geschützte Insel im Pazifik

Die Isla del Caño liegt knapp 20 Kilometer westlich der Halbinsel Osa im Pazifischen Ozean. Als Reserva Biológica Isla del Caño steht die unbewohnte Insel unter strengem Naturschutz – und ist für Taucher und Schnorchler ein Top-Ziel.

Die Gewässer um die Isla del Caño rangieren sicherlich in der Spitzengruppe der schönsten Tauchgründe in Mittelamerika. Hier befinden sich die Meerestiere ganz ungestört in ihrem Element und genießen strengen Naturschutz. In einem Umkreis von mehreren Seemeilen sind Fischerei und Muschelsammeln verboten. Sieht man vom Rangerstützpunkt ab, ist die Insel selbst unbewohnt. Sie ist bewaldet, maximal drei Kilometer lang und eineinhalb Kilometer breit, steigt über 100 Höhenmeter an und bietet diversen Seevogelarten Lebensraum. In präkolumbischer Zeit wurde das Eiland von den Bruncas und anderen indigenen Völkern als heilig verehrt. Man hat hier Grabstätten gefunden, die aus Zeiten von etwa 700 bis 1500 n. Chr. datieren.

Thrill unter Wasser

Bei den Tagesexkursionen, die auf der Halbinsel Osa in der Drake-Bucht starten, geht es für Taucher an Korallenriffe heran und bis zu 40 Meter hinab. Dies setzt gute Sicht voraus, die in der Natur nicht automatisch gewährleistet ist, und eine gewisse Erfahrung. Und ein belastbares Nervenkostüm. Nähern sich Haie, Barrakudas, Rochen oder gar Buckelwale, sind dies die ersehnten Höhepunkte auf den Tauchtrips – die aber dafür sorgen können, dass einem das Herz kurz in den Taucheranzug rutscht. Welch ein Thrill unter Wasser! Alternativ zu Tauchtrips sind auch Schnorchelausflüge möglich. Das Beobachtungsglück ist zwar nicht prognostizierbar, doch die Chancen um die Isla del Caño stehen immer bestens.
www.canodiverscostarica.com

Grün und nochmals Grün – an der Küste des Nationalparks Marino Ballena (unten). Dort gibt es auch einen Lichtblick der besonderen Art in den Felsen (rechts oben). Im Nationalpark kann man herrlich am Strand spazieren, aber auch Wale beobachten (rechts unten).

48 Delfine und Wale – Parque Nacional Marino Ballena

Eine Oase für Meereslebewesen

Eine »Oase für Meereslebewesen« – so wird der Parque Nacional Marino Ballena auch genannt. Costa Ricas erster Meeresnationalpark schützt ein wunderschönes Gebiet vor der Pazifikküste, in dem sich zahllose Arten von Meerestieren tummeln. In dem Gebiet halten sich regelmäßig faszinierende Buckelwale auf, die man mit etwas Glück auf Bootsfahrten sichten kann.

Folgt man dem Verlauf der Pazifikküste südöstlich von Barú und Playa Dominical, gelangt man etwas abseits der Hauptstrecke an den Parque Nacional Marino Ballena. Der Meeresnationalpark erstreckt sich an einem schmalen, rund 15 Kilometer langen Küstenstreifen und über die davor gelegenen Gewässer im Bereich von Playa Uvita, Colonia, Ballena und Piñuela. Das Schutzgebiet, das 1992 als Costa Ricas erster Meeresnationalpark gegründet wurde, umfasst 5160 Hektar Meeresgewässer und 171 Hektar Festland.

Luftsprünge der Meeressänger

Fast unbeschreiblich schön sind die Sonnenuntergänge im Nationalpark, doch nicht minder faszinierend ist der Artenreichtum, den er schützt. In den hiesigen Pazifikgewässern leben Hammerhaie, Riesenmantas, Papageienfische, Makrelen und ganzjährig verschiedene Delfinarten, darunter Schlankdelfine (*delfín manchado* bzw. *Stenella attenuata*) und Große Tümmler (*delfín nariz de botella* bzw. *Tursiops truncatus*). Auf eine Besonderheit und Hauptattraktion des Gebiets verweist schon der Name

des Nationalparks: *ballena* bedeutet nämlich »Wal«. Zwischen Juli und Oktober halten sich in den hiesigen warmen Gewässern Buckelwale (*ballena jorobada* bzw. *Megaptera novaeangliae*) auf, um sich zu paaren. Buckelwale wurden früher stark bejagt, mittlerweile hat sich ihre Zahl wieder erhöht. Dennoch sind die bis zu 15 Meter langen Riesen noch immer eine Rarität. Buckelwale ernähren sich hauptsächlich von Krill und gehören zu den sogenannten Furchenwalen, weil sie an der Unterseite des Vorderkörpers bis zu 20 Längsfurchen aufweisen. Sie fallen im Wasser auch durch ihren Blas auf, der mehrere Meter hoch sein kann – vor allem jedoch durch ihre Luftsprünge. Diese dienen dazu, mit den Artgenossen zu kommunizieren und potenzielle Beute zu verwirren. Berühmt sind die mächtigen Meeressäuger auch für ihre teils halbstündigen Lieder, mit denen sie sich unter Wasser verständigen. Die ausgedehnten Gesänge, die einzeln lebende Männchen von sich geben, gehören mutmaßlich zur Balz.

Walfischschwanz und Walinsel

Eine Attraktion an Land ist die auch »Tómbolo« genannte Cola de la Ballena, die zur Strandgemeinde Uvita gehört. Der »Walfischschwanz«, so die Bedeutung des Namens, ist eine Fels- und Sandformation, die wie eine Walfluke geformt ist. Sie ist vor dem Strand gelegen und bei Ebbe zu Fuß zu erreichen – Besucher können sich hierzu in der Gezeitentabelle informieren. In der nahen Umgebung der Cola de la Ballena ist Schnorcheln erlaubt, allerdings nur ohne Flossen.

Der Küste vorgelagert ist die von Korallen umgebene Isla Ballena. Die »Walinsel« ist ein Refugium für Leguane und Seevögel. Letztere finden auch Rückzugsgebiete auf den Islotes Tres Hermanas, den felsigen »Inselchen der drei Schwestern«.

Wildtiere lassen sich aber auch am Land oder von der Küste aus entdecken. Beim Blick in den Himmel oder die Bäume kann man unter anderem Aras, Brüllaffen und Pelikanschwärme entdecken.

Eine gute Anlaufstelle für Besucher ist das Uvita Information Center. Dort kann man sich über Wal- und Delfintouren sowie über weitere Ziele und Aktivitäten in der Umgebung informieren. Geboten werden unter anderem Canyoning an mehreren Wasserfällen sowie Ausritte im Rancho La Merced Wildlife Refuge.

WALE UND DELFINE BEOBACHTEN

Delfine halten sich in dem Gebiet ganzjährig auf, Buckelwale zwischen Juli und Oktober. Um die Meeressäuger in natura zu sehen, werden an der Küste Bootsfahrten angeboten. Der Treffpunkt ist gewöhnlich am Eingang zum Strand von Uvita. Bei solchen Ausflügen sollte man immer Sonnencreme, Sonnenschutz und je nach Wetterlage Spritzschutz für die Kamera dabeihaben und zudem nicht vergessen, dass es keine Garantie gibt, dass man die Tiere wirklich zu Gesicht bekommt. Darüber hinaus ist der respektvolle Umgang mit der Natur besonders wichtig: Vor allem die Wale kann es stressen, wenn die Boote zu nahe an sie herankommen. Als Besucher sollte man sich immer an folgenden Leitspruch halten: »Wir sind zu Gast, die Wale und Delfine unsere Gastgeber.«

WEITERE INFORMATIONEN

Nationales Naturschutznetz, www.sinac.go.cr; Uvita Information Center, http://marinoballena.org; Rancho La Merced Wildlife Refuge, www.rancholamerced.com

Ein einsamer Strand im Nationalpark Corcovado auf der Halbinsel Osa (oben). Gelegentlich tauchen Delfine im Pazifik auf (rechts oben). Im Nationalpark leben auch Mittelamerikanische Totenkopfaffen (rechts unten).

49 Für Naturfans – die Península de Osa

Faszinierendes Mosaik der Ökosysteme

Die von Regenwäldern, Stränden, Flüssen, Feuchtgebieten und grünen Erhebungen geprägte Halbinsel Osa schiebt sich zwischen den Buchten Coronado/Drake und dem »Süßen Golf«, Golfo Dulce, tief in den Pazifik hinein. Einen Teil des Gebiets nimmt der Nationalpark Corcovado ein, wo sich das faszinierende Mosaik der Ökosysteme auf der Península de Osa fortsetzt.

Wildnis, Abenteuer, unbekannte Landstriche – damit lockt die Halbinsel Osa Ökotouristen an. Überfliegt man im Propellerflugzeug die von Wasseradern durchzogene Halbinsel, vermag man die Ursprünglichkeit und Urwüchsigkeit dieses Gebiets bereits zu erahnen. Vorfreude auf Urwald-Feeling und palmenbestandene Strände macht sich breit. Über Land erreicht man die Península de Osa ab Chacarita, man kann sich aber auch mit Booten übersetzen lassen.
Ihr sanfteres Gesicht zeigt die Halbinsel dem Golfo Dulce, ihr raueres dem offenen Pazifik. Ganz im Südosten finden Surfer am Cabo Matapalo ihre Reviere. Tauch- und Schnorchelausflüge haben die westlich vorgelagerte Isla del Caño zum Ziel.

Touristisches Potenzial

Das touristische Potenzial der Península de Osa ist selbstverständlich nicht unverborgen geblieben. Im Osten der Halbinsel liegt der wichtigste Ort, Puerto Jiménez, dessen junge Geschichte in den 1960er-Jahren begann. Puerto Jiménez ist nicht nur so etwas wie der größte Außenposten der Zivilisation in einem weiten Umkreis, sondern auch Anflugsziel und Ausgangspunkt in den Nord- und Ostteil des Nationalparks Corcovado. Zur Westseite der Halbinsel hin wendet sich die Bahía Drake. Die

Kopfüber verspielt: Papageien auf der Halbinsel Osa (unten). Der Nationalpark Corcovado stößt an den Pazifik (ganz unten). Eine Bucht für Palmenromantiker im Nationalpark Corcovado (rechts oben).

Bucht heißt nach dem historischen Freibeuter und Weltumsegler Francis Drake (um 1540–96), der bei seinen Unternehmungen bis in diese Gegend gekommen sein soll.

Nationalpark Corcovado

Etwa ein Drittel der Halbinsel Osa nimmt der im Süden und Südwesten gelegene Parque Nacional Corcovado ein. Das Schutzgebiet mit seiner außergewöhnlichen biologischen Vielfalt wird von manchen als »Kronjuwel« unter den costa-ricanischen Nationalparks bezeichnet. Der 42 560 Hektar große Nationalpark wurde 1975 gegründet und schützt eine unglaublich reiche Flora und Fauna. Er liegt in einer der regenreichsten Regionen des Landes mit jährlich 5500 Millimeter Niederschlag. Neben ursprünglichen Regenwäldern finden sich in dem bis zu 782 Meter hoch gelegenen Gebiet Sümpfe, Strände und Mangrovenwälder. Viele Hundert Baumarten wachsen hier, unter anderem wilden Cashew-Bäume.

Besucher mit etwas Glück beim Erspähen und Beobachten von Tieren dürften sich im Corcovado wie in einem Zoo ohne Gitterstäbe fühlen. Bislang wurden hier einige Tausend Insekten-, 150 Säugetier-, 400 Vogel- sowie 120 Amphibien- und Reptilienarten verzeichnet. Dazu gesellen sich ein paar Dutzend Arten an Süßwasserfischen, für die die zentrale Laguna Corcovado ein riesiges Habitat bietet. An Land sind der seltene Jaguar und der Ozelot ebenso beheimatet wie Tapire, Ameisenbären, Brüllaffen und Weißschulter-Kapuzineraffen, aber unter anderem auch diverse Froscharten, Tukane und Aras. Krokodile können es auf Nahrungssuche bis ins Salzwasser schaffen. Saisonal landen Meeresschildkröten an, um ihre Eier im Sand zu vergraben. Und im Pazifik tauchen Delfine und Haie ebenso auf wie Buckelwale, Letztere jedoch gewöhnlich nur in den Monaten Juli bis Oktober.

Beschränkter Zugang

Wer den Nationalpark Corcovado kennenlernen möchte, braucht eine offizielle Genehmigung, wobei die Zahl der Besucher, die sich gleichzeitig im Schutzgebiet aufhalten dürfen, limitiert ist. Die Regeln für den Zutritt haben im Lauf der Zeit mehrfach gewechselt, derzeit darf man im Nationalpark nur in Begleitung eines zertifizierten Naturführers unterwegs sein. Das bedeutet ein gutes Geschäft, insbesondere angesichts der hohen Dollarpreise. Bucht man ein organisiertes Tourpaket,

braucht man sich als Gast gewöhnlich um keine Formalitäten zu kümmern.
Auf dem Gebiet des Nationalparks sind eine Reihe von Rangerstützpunkten vorhanden: Sirena und La Leona im Südteil, San Pedrillo im äußersten Nordwesten und Los Patos und El Tigre im Nordosten. Die Zugänge erreicht man zum Beispiel über Land ab La Palma/Los Patos oder per Boot ab Carate oder der Bahía Drake. Unterschiedlich sind auch die Trails, auf denen es mitunter gilt, Flüsschen zu durchqueren. Im Rangersektor San Pedrillo sind die Wege Catarata-San Pedrillo (1,5 Kilometer) und Llorona (7 Kilometer) begehbar, im Sektor El Tigre führt ein Trail bis zu den höchsten Punkten im Park.
Nachdrücklich zu empfehlen sind für einen Aufenthalt im Corcovado die trockeneren Monate Dezember bis April. Zur Passierbarkeit der Wege in der Regenzeit sollte man sich bei Bedarf bei den Nationalparkbehörden erkundigen, doch darüber wissen die Führer ebenso Bescheid wie über die Gezeiten an strandnahen Passagen. Deswegen muss man oft einem gewissen Zeitplan folgen. Krokodile und Haie dämpfen die Lust auf ein erfrischendes Bad in Flüssen und im Pazifik ganz erheblich. Den Urwald und seine zuweilen steilen Pfade im Inland darf man nicht unterschätzen, ebenso die Hitze und Schwüle.
Mindestens zwei Tage sind für die anspruchsvolle klassische Wanderung von der Rangerstation Los Patos über Sirena bis La Leona (oder umgekehrt) zu veranschlagen; zwischen Sirena und La Leona verläuft der Weg parallel zur Küstenlinie an der Playa Madrigal und der Landspitze Punta Salsipuedes vorbei. Insektenschutz, Wasserflasche, Regenponcho, Sonnenschutz und Taschenlampe dürfen im Gepäck nicht fehlen. Ein Trekking-/Teleskopstock bewährt sich, um bei Bedarf Spinnweben oder Blattwerk beiseitezuschieben.

Unvergessliche Eindrücke

Am einfachsten lässt sich der Nationalpark Corcovado auf einer Tagestour entdecken. Veranstalter und Lodges bieten organisierte Ausflüge an, vermitteln Guides und sind behilflich bei Fragen des Transports, beispielsweise von Puerto Jiménez nach Carate.
Unabhängig davon, ob man eine Tagestour plant oder sich auf eine ausgedehntere Reise begibt – bei einem einzigen Aufenthalt im Nationalpark Corcovado wird man nicht alles, sondern nur Ausschnitte sehen können. Doch schon diese sind eindrucksvoll genug.

STÜTZPUNKT AN DER DRAKE-BUCHT

Um die Eindrücke auf der Halbinsel Osa richtig aufzunehmen und zu verarbeiten, bietet sich ein mehrtägiger Aufenthalt an. Ein guter Stützpunkt ist die Bahía Drake im Westen. Ab Sierpe starten Boote, die Gäste dorthin bringen. Es gibt aber auch eine Landverbindung über Rincón und ein Flugfeld. Diverse schöne Hotels in der Umgebung rangieren teilweise im Hochpreissegment. Über die Unterkünfte lassen sich Touren in den Nationalpark Corcovado arrangieren. Dies ist der Fall beim Copa de Árbol Beach & Rainforest Resort, dem Hotel Pirate Cove und dem Drake Bay Getaway Resort, einer Mischung aus Boutiquehotel und Öko-Lodge.
www.copadearbol.com;
www.piratecovecostarica.com;
www.drakebaygetaway.com

WEITERE INFORMATIONEN

Nationales Naturschutznetz www.sinac.go.cr; Nationalpark Corcovado, www.corcovadoguide.com

Der besondere Reiz der Halbinsel Osa liegt in der Abgeschiedenheit ihrer unberührten Natur.

Die Isla del Coco erreicht man nur per Boot (oben). Taucher begeistert die faszinierende Unterwasserwelt rund um die Insel (rechts oben und unten).

50 Legendär und einsam – die Isla del Coco

Eine Insel voller Schätze

Die Isla del Coco ist vielleicht die berühmteste »Schatzinsel« der Welt, zumindest literarisch. Bis heute ranken sich um sie Legenden von versteckten Piratenschätzen. Die auf jeden Fall an Naturschätzen reiche Insel liegt knapp 500 Kilometer südwestlich vom Festland in der Einsamkeit des Pazifischen Ozeans und wurde 1978 zum Nationalpark erklärt. Seit 1997 gehört sie zum UNESCO-Welterbe.

War sie es oder war sie es nicht? War die Isla del Coco jene Insel, die dem schottischen Schriftsteller Robert Louis Stevenson (1850–94) als Vorlage für *Die Schatzinsel* diente? Einen der erfolgreichsten Abenteuerromane der Literaturgeschichte, der 1883 erschien und vielfach verfilmt wurde? Der Ich-Erzähler des Romans ist der junge Jim Hawkins, ein gerissener Schatzjäger der einbeinige Long John Silver. Mit spannenden Passagen wie dieser verstand es Stevenson, Leser aller Altersstufen zu faszinieren: »Silver humpelte keuchend auf seiner Krücke mit, die bebenden Nüstern weit geöffnet. Wenn sich die Fliegen auf sein heißes, schweißglänzendes Gesicht setzten, fluchte er wie besessen. Wütend riss er an dem Strick, der mich an ihn fesselte, und warf mir von Zeit zu Zeit einen tödlichen Blick zu. Er gab sich offenbar gar keine Mühe, seine Gedanken zu verbergen, und ich las sie wie gedruckt in seinem Gesicht. Jetzt, so nahe an dem Golde, war alles andere vergessen.«

Reichtum der Natur

Die unbewohnte, extrem regenreiche und gerade einmal 24 Quadratkilometer kleine Isla del Coco war wirklich eine »Schatzinsel«. Zumindest, wenn man die im Lauf der Zeit kolportierten Piratenlegenden um vergrabene Gold- und Silberschätze zu Grunde legt, die

Wer rund um die Isla del Coco abtaucht, gerät in eine bunte Unterwasserwelt mit glitzernden Fischschwärmen (unten) und bunten Seesternen (ganz unten). An Land schweift der Blick über die Wafer-Bucht (rechts oben).

sich zusammen mit Seemannsgarn zu einem Netz verwebten, das später schatzbesessene Expeditionstrupps anlockte.
Der wahre Schatz der Insel ist jedoch – und das gilt bis heute – ihre herrliche Natur: Regenwälder, Buchten, Klippen, schmale Strände, Wasserfälle und eine artenreiche Flora und Meeresfauna. Ihre höchste Erhebung ist der 634 Meter hohe Cerro Yglesias. Die bekanntesten Buchten, die Bahía Wafer und Bahía Chatham, liegen an der Nord- und Nordostseite der Insel, die selbst von einigen kleineren Eilanden umgeben ist.

Wechselvolle Geschichte

Die Isla del Coco entstand vor rund zwei Millionen Jahren durch submarinen Vulkanismus. Da sie nie in direktem Kontakt mit dem Festland stand, entwickelten sich auf ihr eine Reihe von endemischen Pflanzen- und Tierarten. Der erste Europäer, der die Insel sichtete, war mutmaßlich der Spanier Juan Cabezas de Grado im Jahr 1526. Im späteren Verlauf des 16. Jahrhunderts tauchte die Isla del Coco in der europäischen Kartografie auf, so auch 1569 auf der Mapamundi, der großen Weltkarte von Gerhard Mercator.
Im 17. und 18. Jahrhundert landeten viele Piratenschiffe an der Isla del Coco, wobei manches Schiff außerhalb der geschützten Buchten an den Klippen zerschellte. Beschreibungen der Insel lieferten die Freibeuter Lionel Wafer (1640–1705) und William Dampier (1651–1715). Sie waren Zeitgenossen des englischen Kapitäns Edward Davis, der wegen seiner Freibeuterzüge zwischen Baja California und der ecuadorianischen Hafenstadt Guayaquil berüchtigt war und die Isla del Coco als Stützpunkt wählte. Aus dieser Zeit datieren erste Legenden um vergrabene Schätze. Unter den Piraten regierten stets Neid und Missgunst, und wem sein Leben lieb war, der vertraute nur sich selbst. Reichtum bedeutete immer auch Sorge, seinen Reichtum zu verlieren. Die Insel diente vielen Schiffen als Frischwasserreservoir. Außerdem gab es Kokospalmen, Holz und natürliche Fischvorräte, an deren Ausbeutung in früherer Zeit niemand einen Gedanken verschwendete. Um in Zukunft Frischfleischvorräte vorzufinden, begannen Walfänger gegen Ende des 18. Jahrhunderts, Schweine und Ziegen auf der Insel auszusetzen, deren Nachkommen verwilderten. Auch Ratten und Katzen wurden heimisch und gefährdeten endemische Arten wie Geckos und

Eidechsen in ihren natürlich gewachsenen Beständen. Aus der relativ kurzen Epoche der Walfangschiffe stammen Steininschriften nahe der Buchten Wafer und Chatham. Eingraviert wurden häufig die Namen der Boote.
Für die Isla del Coco interessierten sich aber auch Wissenschaftler. So ist für 1795 ein Aufenthalt des Briten George Vancouver (1757–98) belegt. Doch erst ab Beginn des 20. Jahrhunderts sollte das Eiland im Pazifischen Ozean verstärkt in den Blickpunkt wissenschaftlichen Interesses rücken.

Auf Schatzsuche

Für Piraten spielte die Insel auch weiterhin eine wichtige Rolle – und damit auch in den Erzählungen von Schätzen, die dort angeblich in Sicherheit gebracht worden waren. Die Gerüchte verstärkten sich in den Jahren um 1818 bis 1821 und erreichten ihren Höhepunkt, als die Geschichte vom sagenhaften »Lima-Schatz« die Runde machte. Damals kämpfte in Peru die Unabhängigkeitsbewegung für die Loslösung von Spanien. Vertreter der Kolonialmacht und der Kirche befürchteten, dass ihre Schätze den Aufständischen in die Hände fallen könnten. Als im August 1821 das Handelsschiff *Mary Dear* unter Kapitän William Thompson in Limas Hafen Callao lag, wurden Politiker und Kleriker mit dem vertrauenswürdig wirkenden Gentleman bald einig. Der Lima-Schatz wurde samt spanischen Bewachern an Bord verfrachtet und sollte, so der Ursprungsplan, nach überstandener Gefahr in Lima von Thompson nach Lima zurückgebracht oder an die spanischen Behörden in Panama übergeben werden. Thompson indes verfolgte eigene Pläne. Er entledigte sich der spanischen Bewacher und nahm mit seiner *Mary Dear* samt Schatz Kurs auf die Isla del Coco …
Die Insel gehört seit 1869 zu Costa Ricas Staatsgebiet. Sie wurde eine Zeitlang als Sträflingskolonie genutzt, danach ließen sich dort ab 1894 einige abenteuerlustige Siedler nieder. Denen ging es kaum um ein selbstverwirklichtes Leben im Einklang mit der Natur, vielmehr machten sie sich auf die Suche nach den sagenhaften Schätzen.
Seitdem haben immer wieder Menschen die Insel besucht. Im 20. Jahrhundert kamen verschiedene Dokumentarfilmer und Naturforscher, darunter Hans Hass und Jacques Cousteau. Auch Schatzsuchertrupps rückten an, doch von spektakulären Funden ist nie etwas an die Öffentlichkeit gedrungen. Was nicht heißt, dass es sie nicht gegeben hat …

TAUCHEN VOR DER ISLA DEL COCO

Die Isla del Coco ist nur per Schiff ab Puntarenas in rund 30 Stunden erreichbar. Sie steht unter Naturschutz, gleiches gilt für die Gewässer im Umkreis von zwölf Seemeilen um die Insel. Der Fischfang ist verboten und der Tourismus eingeschränkt. Besucher brauchen eine Erlaubnis der Nationalparkbehörden. Die meisten Besucher lockt die faszinierende Unterwasserwelt des Gebiets mit ihren Korallenarten, Rochen, Delfinen und Hammerhaien. Sie kann im Rahmen von Tauchsafaris entdeckt werden, wie sie z.B. Dive Costa Rica Islands anbietet. Die Angebote richten sich an erfahrene Taucher, die sich in Strömungen und größeren Tiefen gut zurechtfinden. Während der Tauchsafaris steht gewöhnlich auch Nachttauchen auf dem Programm. Übernachtet wird an Bord, da es auf der Insel keinerlei Unterkünfte gibt.

WEITERE INFORMATIONEN

www.isladelcoco.go.cr
Dive Costa Rica Islands, www.divecostaricaislands.com/es/isla-del-coco

Ein Wasserfall verschafft eine fantastische Abkühlung auf der Isla del Coco.

Register

Am Strand von Manuel Antonio; Radfahren vor einer Krabbenfarm bei Jicaral; reiche Vegetation sowohl im Naturschutzgebiet Caño Negro als auch in der Cordillera de Talamanca; Bootstour im Nationalpark Tortuguero; Schlange im Nationalpark Santa Rosa (von links nach rechts).

In Tortuguero bietet sich von dieser Restaurantterrasse ein traumhaftes Panorama (oben).

Impressum

Verantwortlich: Marianne Huber
Redaktion: Barbara Rusch
Layout: graphitecture book & edition
Korrektorat: Viola Siegemund
Repro: LUDWIG:media
Umschlaggestaltung: Frank Duffek
Kartografie: Kartographie Huber, Heike Block
Herstellung: Bettina Schippel
Printed in Italy by Printer Trento

Sind Sie mit diesem Titel zufrieden? Dann würden wir uns über Ihre Weiterempfehlung freuen.
Erzählen Sie es im Freundeskreis, berichten Sie Ihrem Buchhändler oder bewerten Sie bei Onlinekauf.
Und wenn Sie Kritik, Korrekturen, Aktualisierungen haben, freuen wir uns über Ihre Nachricht an Bruckmann Verlag, Postfach 40 02 09, D-80702 München oder per E-Mail an lektorat@verlagshaus.de.

Unser komplettes Programm finden Sie unter

Alle Angaben dieses Werkes wurden von den Autoren sorgfältig recherchiert und auf den neuesten Stand gebracht sowie vom Verlag geprüft. Für die Richtigkeit der Angaben kann jedoch keine Haftung übernommen werden.

Textnachweis:
Alle Texte stammen von Dr. Andreas Drouve.

Bildnachweis:
Alle Abbildungen des Innenteils und des Umschlags stammen von Thomas Stankiewicz, außer:
Andreas Drouve: S. 23u., 36u., 74, 75 (2), 81o. (2), 85o., 109o.; Rara Avis: 9u.Mi., 39; Tico River Adventure: 54, 55u.; Rancho Humo: 107, 108, 109u.; Shutterstock: 127u. (Jon Nicholls Photography), 147 (Andaman), 149 re.u., Umschlagrückseite o.re. (Claude Huot), 150, 152u., 153 (Malgorzata Drewniak), 151o. (Paul Atkinson), 151u. (Itinerant Lens), 152o. (Sekar B), 154/155 (Jane Petrick), 156 (Nicholas Billington), 157 (2), 158u., 160/161 (Ethan Daniels), 158o. (Nicolas Aznavour), 159 (HakBak); Huber Images: Umschlagvorderseite oben (Giocoso Paolo)

Umschlagvorderseite:
Oben: Frosch im Nationalpark Tortuguero
Mitte: Vulkan Arenal beim Thermalgebiet Tabacon
Unten: Bemalter Ochsenkarren im Zentrum von Sarchi
Klappe vorne: Faultier an der Rainforest Aerial Tram im Nationalpark Braulio Carrillo
Klappe hinten: Thermalbecken im Hotel Arenal Paraiso, Thermalgebiet Tabacon unter dem Vulkan Arenal

Umschlagrückseite:
Unten: Wasserfall bei Rara Avis
Oben (von links nach rechts): Weißkopfaffen im Tierschutzgebiet Curu bei Tambor auf der Halbinsel Nicoya; Fruchtladen bei Heredia im Zentrum Costa Ricas; Buckelwal im Marino Ballena-Nationalpark

Vordersatz: Typisch Costa Rica – Naturgewalt in Form des Vulkans Poás.
Hintersatz: Strand von El Coco am Golf von Papagayo, Guanacaste
S. 5: Hier geht's hin – Vogelfreund im Parque Juan Santamaría im Zentrum von Alajuela.
S. 6/7: Im Grünen über den Wolken, aber noch unter dem Vulkan Irazú

Die Deutsche Nationalbibliothek verzeichnet diese Publikation in der Deutschen Nationalbibliografie; detaillierte bibliografische Daten sind im Internet über http://dnb.d-nb.de abrufbar.

ISBN 978-3-7343-0858-1

Ebenfalls erschienen ...

ISBN 978-3-7343-1031-7

ISBN 978-3-7343-2393-5

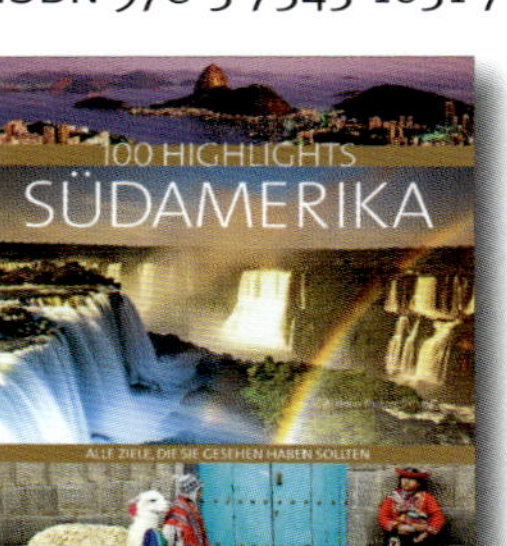

ISBN 978-3-7343-0651-8

ISBN 978-3-7343-0858-1

ISBN 978-3-7654-6120-0

ISBN 978-3-7343-0663-1

ISBN 978-3-7343-1028-7

ISBN 978-3-7343-0659-4

100 Highlights Australien
978-3-7343-2391-1

100 Highlights Deutschland
978-3-73433-0147-6

100 Highlights Englands Süden
978-3-7343-0650-1

100 Highlights Europa
978-3-73433-0146-9

100 Highlights Kanada
978-3-7654-8780-4

100 Highlights New York
978-3-7343-0797-3

100 Highlights Skandinavien
978-3-7343-0652-5

100 Highlights USA
978-3-7654-8227-4

Highlights Andalusien
978-3-7654-5599-5

Highlights Antarktis
978-3-7343-0857-4

Highlights Bayern
978-3-7654-6777-6

Highlights Berlin
978-3-7654-5871-2

Highlights Burma
978-3-7343-0665-5

Highlights Chile · Argentinien
978-3-7654-6031-9

Highlights Gardasee
978-3-7654-6772-1

Highlights Hamburg
978-3-7654-5831-6

Highlights Hurtigruten
978-3-7343-0616-7

Highlights Island
978-3-7654-6497-3

Highlights Israel
978-3-7654-5598-8

Highlights Japan
978-3-7654-6495-9

Highlights Kambodscha Laos
978-3-7343-0664-8

Highlights Karibik
978-3-7654-4869-0

Highlights Kreta
978-3-7654-8374-5

Highlights Kuba
978-3-7654-5596-4

Highlights Madeira
978-3-7343-0927-4

Highlights Mallorca
978-3-7654-5465-3

Highlights Marokko
978-3-7654-8783-5

Highlights Namibia
978-3-7654-5143-0

Highlights Neuseeland
978-3-7654-4750-1

Highlights Nordsee
978-3-7343-0649-5

Highlights Norwegen
978-3-7654-4827-0

Highlights Oman & Dubai
978-3-7654-6032-6

Highlights Peru
978-3-7654-5436-3

Highlights Portugal
978-3-7654-5533-9

Highlights Provence
978-3-7343-1030-0

Highlights Rom
978-3-7654-5752-4

Highlights Schottland
978-3-7654-8224-3

Highlights Sardinien
978-3-73433-0332-6

Highlights Sizilien
978-3-7654-5880-4

Highlights Sri Lanka
978-3-7343-0859-8

Highlights Südafrika
978-3-7654-6496-6

Highlights Südtirol
978-3-7654-6775-2

Highlights Sylt
978-3-7654-6179-8

Highlights Thailand
978-3-7654-5863-7

Highlights USA Der Westen
978-3-7654-5758-6

Highlights Vietnam
978-3-7654-5144-7

Welterbe – Deutschland, Österreich, Schweiz
978-3-7654-8402-5

Highlights Bodensee
978-3-7343-0646-4

Highlights Franken
978-3-7654-8969-3

Highlights Oberbayern
978-3-7343-0643-3

www.bruckmann.de